U0672384

中国社会科学院创新工程学术出版资助项目

居安思危·世界社会主义小丛书

老挝：在革新中腾飞

柴尚金◎著

社会科学文献出版社
SOCIAL SCIENCES ACADEMIC PRESS (CHINA)

居安思危·世界社会主义小丛书
编 委 会

总　　编　李慎明

执 行 主 编　陈之骅

编委会委员　晋保平　吴恩远　程恩富　侯惠勤

　　　　　　　谢寿光　张树华　姜　辉　王立强

　　　　　　　樊建新

"居安思危·世界社会主义小丛书"总序（修订稿）

中国社会科学院原副院长

世界社会主义研究中心主任、研究员

李慎明

"居安思危·世界社会主义小丛书"既是中国社会科学院世界社会主义研究中心奉献给广大读者的一套普及科学社会主义常识的理论读物，又是我们集中院内外相关专家学者长期研究、精心写作的严肃的理论著作。

为适应快节奏的现代生活，每册书的字数一般限定在 4 万字左右。这有助于读者在工作之余或旅行途中一次看完。从 2012 年 7 月开始的三五年内，这套小丛书争取能推出 100 册左右。

这是一套"小"丛书,但涉及的却是重大的理论、重大的题材和重大的问题。主要介绍科学社会主义基本理论及重要观点的创新,国际共产主义运动中重大历史事件和重要领袖人物(其中包括反面角色),各主要国家共产党当今理论实践及发展趋势等,兼以回答人们心头常常涌现的相关疑难问题。并以反映国外当今社会主义理论与实践为主,兼及我国的革命、建设和改革开放事业。

从一定意义上讲,理论普及读物更难撰写。围绕科学社会主义特别是世界社会主义一系列重大理论和现实问题,在极有限的篇幅内把立论、论据和论证过程等用通俗、清新、生动的语言把事物本质与规律讲清楚,做到吸引人、说服人,实非易事。这对专业的理论工作者无疑是挑战。我们愿意为此作出努力。

以美国为首的西方世界的国际金融危机,本质上是经济、制度和价值观的危机,是推迟多年推迟多次不得不爆发的危机,这场危机远未见底且在深化,绝不是三五年就能轻易走出去的。凭栏静听潇潇雨,世界人民有所思。这场危机推动着世界各国、各界特别是发达国家和广大发展中国家的普通民众开始进一步深入思考。可以说，又一轮人类思想大解放的春风已经起于青蘋之末。然而，春天到来往往还会有"倒春寒"；在特定的条件下，人类社会也有可能还会遇到新的更大的灾难，世界社会主义还有可能步入新的更大的低谷。但我们坚信，大江日夜逝，毕竟东流去，世界社会主义在本世纪中叶前后，极有可能又是一个无比灿烂的春天。我们这套小丛书，愿做这一春天的报春鸟。

现在，各出版发行企业都在市场经济中弄潮，出版社不赚钱决不能生存。但我希望我们这套小丛书每册定价不要太高，比如说每本 10 元是否可行？相关方面在获取应得的适当利润后，让普通民众买得起、读得起才好。买的人多了，薄利多销，利润也就多了。这是常识，但有时常识也需要常唠叨。

敬希各界对这套丛书进行批评指导，同时也真诚期待有关专家学者和从事实际工作的各级领导及各方面的人士为我们积极撰稿、投稿。我们选取稿件的标准，就是符合本丛书要求的题材、质量、风格及字数。

2013 年 3 月 18 日

1975 年老挝人民革命党执政后，一度不顾本国实际，急于实现国有化和农业合作化。过"左"的政策使老挝经济陷入困境。1986 年老挝人革党"四大"提出了"革新开放"的战略方针，老挝农村和农业开启改革。1991 年老挝人革党"五大"确立了"有原则的全面革新"路线，老挝革新进程加快。革新 28 年来，老挝经济社会快速发展，贫穷落后面貌得以改变，其革新成就举世瞩目。

目录 | Contents

一 开始进入社会主义初级阶段

1. 历史悠久的多民族国家

老挝国名全称老挝人民民主共和国,位于中南半岛北部,面积23.68平方公里,人口690万(2012年)。山地高原占国土面积的2/3,平原丘陵占1/3,周边与中国、越南、泰国、缅甸、柬埔寨接壤,是典型的内陆国家。

老挝是一个多民族的国家,不同民族都有自己的语言和特定的文化传统,民族文化对当今老挝社会有深远影响。老挝人因语言、文化和地理位置不同而被划分为老龙、老腾和老松三大族系,细分为49个部族。老龙意即居住在河谷平坝地区的民族,多指佬族、泰族或泐(傣)族,为老挝主体民族。老腾指居住在半山腰的民族,多指孟高棉族等,为老挝土著民族之一。老松族指居住在高山上的民族如苗族和瑶族等,几个世纪前陆续由中、越两国迁徙而来,构成老挝当今三大族系之一。不同部族都有自己的政治组织结构,由部族首领管辖。大小不一的村寨是老挝社会的基层单位,各由族长或头人统领。同一氏族或相似氏族组成更大的群体部落王国,彼此互不相属。部落王国王室贵族与平民等级分明,贵族拥有众多土地并有权要平民服徭役,村寨族长头人代行政府许多职能。传统老挝乡村都有个长老会,由各家族德高望重的长者组成,负责筹资维修本村寺庙(老挝几乎村村有佛寺)和村中其他公共事务。今天老挝国家实行共和制,政党、国会、政府一应俱全,但部落氏族的传统还有影响,很多乡村实际上是家族头人当家,政府对社会控制不强,在很多方面都需要族长头人的合作与配合。比如,老挝现在提倡"招商引资",但政府不会替外企搞征地拆迁,外国公司必须自己与当地百姓打交道,办理购地和安置事宜不仅要村委会同意,还必须征得村长老们点头。实际上村委会的人通常是长老头人的儿子或者他指定的族人,最终还是要听长老的。他们只考虑本地人的利益,并不考虑什么国家大局。所以,企业老板们和他们讨价还价很费劲。

老挝是个历史悠久的国家,始建于公元 1 世纪。1 世纪至 14 世纪中叶,在今日老挝疆域内曾先后出现过科达蒙、文单(又称陆真腊)和澜沧这三个部落王国,三国之间多次发生战争。1353 年,孟骚(或译孟斯瓦,今琅勃拉邦,澜沧的政治中心)的统治者法昂统一了今老挝全境,建立了澜沧王国,这是老挝历史上第一个多民族的封建王国。15 世纪至 17 世纪,"澜沧王国"达到鼎盛时期,曾是中南半岛上很有影响的一个国家。18 世纪初叶,由于统治集团内部争权夺利,各据一方,导致澜沧王国解体,分裂成琅勃拉邦、万象、川圹和占巴塞 4 个王国,屡受越南、缅甸、暹罗的侵略,18 世纪末各王国相继沦为暹罗的附属国。1893 年,法国入侵,老挝又沦为法国的"保护国"。1940 年 9 月,老挝被日本占领。1945 年 8 月日本投降后,老挝人民在万象成立"老挝人民委员会",组成了以佩差拉亲王为首的临时政府,并于 10 月 12 日宣布独立并实行君主立宪制度。老挝独立宪法规定,国王是国家最高元首、国家军队的最高统帅及佛教最高保护人;议会分为国民议会和枢密院;国民议会行使立法权,它所通过的法律(宪法除外)交枢密院启奏国王,并在两个月内颁布实施;内阁名单由首相提出,经国民议会 1/2 以上的多数通过,国王有权解散国民议会。但这独立宪法还规定,老挝是法兰西联邦的一员。① 由于实行君主立宪,老挝各种政治势力和党派力量得到一定发展,但左、中、右派分歧明显。1946 年,法国卷土重来,再次入侵老挝,佩差拉政府流亡泰国。老挝人民在苏发努冯为首的寮国抗战政府的领导下进行长期的抗法斗争。苏发努冯于 1909 年 7 月 13 日出生于琅勃拉邦王族家庭,其父亲是前老挝副国王马哈乌巴拉·汶孔亲王。早年苏发努冯被兄长佩差拉亲王送到法国巴黎大学留学,学习土木工程,毕业后在波尔多和勒阿弗尔的码头上工作。之后他到越南从事桥梁和道路修建工作,与越南共产党早期领导人有较深交往。日本投降后,苏发努冯回到老挝,出任老挝临时独立政府国防和外交部部长兼武装部队总司令。在组织抗法运动中,苏发努冯创建了老挝爱国战线党——巴特寮(Pathet Lao),任战线中央委员会主席。老挝人民在爱国阵线的旗帜下,开展抗法、抗美斗争。1954 年 7 月,法国被迫签署关于印度支那问题的日内瓦协议,承认老挝独立,从老

---

① 杜敦信主编《越南老挝柬埔寨手册》,时事出版社,1988 年 11 月,第 80 页。

挝撤军。不久,美国取代法国,对老挝进行侵略和干涉。1962 年,老挝成立了以富马亲王为首相、苏发努冯为副首相的包括左、中、右三派的联合政府。1964 年,美国支持亲美势力破坏老挝联合政府,进攻解放区,于是爆发了老挝抗美救国战争。1973 年 2 月,老挝各方签署了关于在老挝恢复和平与民族和睦的协定。1974 年 4 月,成立以富马为首的新联合政府和以苏发努冯为主席的政治联合委员会。1975 年 4 月,美国宣布越南战争结束,从越南、老挝撤军。1975 年 12 月 1～2 日,老挝全国人民代表大会在万象召开,通过了如下重要决议:废除君主立宪制,自 1975 年 12 月 2 日起成立老挝人民民主共和国;组成最高人民议会(任命了 45 名议员);任命苏发努冯为老挝人民民主共和国和最高人民议会主席,凯山·丰威汉为政府总理;接受老挝国王西萨旺·瓦达纳的退位书,并任命他为老挝人民民主共和国主席的最高顾问。这次大会还确定了老挝人民民主共和国的国旗和国歌,决定老挝语和老挝文为老挝的通用语言和官方文字。[1] 至此,老挝历

---

① 《参考资料》1975 年 12 月 4 日。

史翻开了新的一页,自称开始进入"社会主义社会"。

2. 信佛的乡村社会

老挝地广人稀、土地肥沃,气候属热带和亚热带季风气候,对农业生产发展十分有利。老挝全国 70% 以上为农业人口,建国后至 20 世纪 90 年代末,农业生产一度占国民生产总值高达 70% 以上。2000 年后老挝经济结构开始发生积极变化,第二和第三产业比重逐年上升,农林业占比呈下降趋势。2013 年农林业总产值占 GDP 比重25.5%。稻谷产量为 340 多万吨,人均 500 多公斤。老挝林业资源丰富,2005 年森林面积为 1167 万公顷,森林覆盖率为 47%,力争到 2015 年和 2020 年实现森林覆盖率分别达到 65% 和 70%。北部盛产柚木,南部出产黄花梨、紫檀、交趾黄檀(俗称大红酸枝)、花枝和花梨木等名贵红木。老挝农业生产长期是自给自足的小农生产,农产品品种单调,生产水平不高,耕作粗放,靠天吃饭现象严重,部分地方尚处于刀耕火种的原始生产阶段。但这种状况从 20 世纪 90 年代初期以来开始逐步发生改变。老挝政府开始重视农业多样化,实行稻谷、经济作物和畜牧养殖林业并行发展战略,注意加强农田水利设施建设并加大投入,逐步改变靠天吃饭的原始耕种生产方式。2010年全国水利灌溉面积仅15万公顷,2012年已增至42万公顷(其中雨季灌溉面积24万公顷,旱季18万公顷)。2000年粮食自给并开始有少量出口,主要生产稻谷(糯米、粳米和旱稻)、玉米、薯类等粮食作物和甘蔗、咖啡、大豆、果蔬等经济作物。老挝农用耕地面积470万公顷,但目前实际耕种面积不到1/4,发展潜力很大。老挝的工业主要是小工业和手工业,现代工厂企业很少。一直到20世纪90年代初才出现诸如水泥厂、纺织厂等现代化工厂。在法国近60年殖民统治期间,老挝不仅经济和社会基本上没有发展,而且由于实行殖民统治和愚民政策,老挝文化和教育极端落后,"除了四年制小学教育外,再也没有什么了,而且四年制小学教育还不是义务教育"。① 学龄儿童绝大部分都不能上学,一些孩子只好由父母送到当地的寺院去接受僧侣教育。到1945年,老挝只有5所小学和1所中学,没有大学,文盲占全国人口的

---

① 〔泰〕马尼奇·琼赛:《老挝史》下册,福建人民出版社,1974年4月,第461页。

95%。1949 年以前,全国只有 2 名工程师、10 多名大学毕业生(均为在法国或河内留学的王室子弟)、50 余名中学生和万余名四年制的小学生。[①] 老挝文化事业很落后,1947 年前,没有自己的报纸。建国近 39 年来,老挝文化和教育事业才有了长足发展。据统计截至 2013 年 6 月,全国幼儿园共有 1802 所,在校生 14 万人,较上年度增加 2 万人。小学由 8912 所增至 8927 所,2012～2013 年小学净入学率达 96.8%,小升初比例达 97.6%。全国 147 个县份中,普及小学教育的县份已达 135 个,计划到 2015 年在全国普及小学教育。初高中由 1494 所增至 1579 所,初高中在校生 50 多万人,较上年增加 3 万人。各类大专院校 80 所,其中 50 所设置了学士学位,3 所设置了硕士学位。新闻出版和广播电视事业也有了巨大进步:现有出版物 123 份(其中日报 9 份、杂志 114 份)、广播电台 43 个和电视台 34 个。

佛教是老挝的国教,85% 的人口信奉小乘佛教,每位

---

① 杜敦信主编《越南老挝柬埔寨手册》,时事出版社,1988 年 11 月,第 240 页。

男子一生中都要有一段出家念佛的经历。去万象旅游的游客可以发现,到处都有佛教寺庙,每天清早都可看到一队队僧人出门化缘,虔诚的善男信女向僧人布施或将吃食摆放路边让僧人取走。街头巷尾除党旗国旗遍挂外,寺庙、佛像比比皆是,成为最引人注目的街景。信佛是老挝文化的符号象征,也是老挝传统习俗的基础,老挝的艺术、文学、音乐、戏剧等都起源于宗教和传统习俗。老挝人民革命党虽自称是共产主义性质的政党,但允许党员信教,党员中不乏佛教徒。在法国统治时期,受天主教和新教传教士的影响,约有20%的人信仰基督教。独立后,老挝基督教信徒减少,佛教占主导地位,在丘陵地区,特别是那些从中国迁徙来的部族中,则把儒家思想和佛教、泛神论糅合到一起。佛教昭示人们积德行善去极乐世界,而精灵崇拜是帮助人消灾避难,佛教和泛神论和谐统一。

由于长期信奉佛教,老挝人性格温顺,钟爱民族传统和生活习惯。虽被法国殖民统治近60年,但受西方文化影响很少,没有向过去的宗主国大批移民。尽管贫穷落后,很多人都安于现状,"幸福感"很强,快乐地生活在自己的土地上。老挝虽革新开放已28年,但大多数人还是保持穿戴本民族服饰的习惯,他们不用政府提倡,都由衷地认同自己的国家和民族文化。比如,泰国比老挝先进发达,老挝与泰国一河之隔,两国语言、文字、信仰、寺庙建筑风格、饮食习惯都相似,1907 年《法暹条约》后,老挝摆脱泰国的宗主权,进入法属印度支那的版图,但老挝人并不向往泰国城市的灯红酒绿,也没有成群结队往湄公河对岸跑。老挝虽有户籍制,但对农民和小商小贩却没有严格管制,农民也没有因此大量涌进城市,首都万象1975 年时人口近 30 万,如今也不过 60 多万人,没有出现大片的"贫民窟"。由于没有大兴土木、大拆大建,万象更多的是独栋的三层小楼,临街用作旅馆、商店、餐馆等用途。万象街头摊贩到处可见,却也没有因此导致"城市爆炸"和社会失序。

老挝虽然贫富阶层分化明显,但人们安贫乐道,仇富劫富很少发生,民族传统和乡村文化并未"旧貌换新颜"或受到冲击。

3. 争取社会主义的斗争历程

20 世纪国际共产主义运动实践表明,社会主义国家往往诞生于资本主义不发达的国家,这些国家国内的阶级矛盾和民族矛盾往往很尖锐,孕育着强大的革命能量,特别是造就了以建立社会主义制度为取向的马克思主义政党。在党的领导下,广大人民群众投身到反对帝国主义、殖民主义和封建主义的斗争中,为取得社会主义革命的胜利打下了坚实的政治基础。马克思主义政党无疑成了争取社会主义革命胜利的领导核心。在老挝也有一支这样的党,它在长期的斗争中不断发展壮大,并得到了越南共产党和其他国家的支持和帮助,最终取得了执政地位。

由于越南是法属印度支那的中心,越南早期的共产主义者如胡志明、孙德胜和柬埔寨的波尔布特、英萨利、乔森潘在20世纪20年代曾在法国留学,接受了马克思主义思想,回国后开始组建印度支那共产党,越南的共产主义者是该党主体,从法属印度支那独立出来的越南、老挝、柬埔寨三国的共产主义运动都起源于越南人主导的"印度支那共产党",所以越南对老挝共产主义活动影响很大。早在20世纪30年代,老挝革命者就加入了印度支那共产党。1951年2月,印度支那共产党举行第二次代表大会,决定印支三国(越南、老挝、柬埔寨)分别建党。1955 年 3 月,老挝人民党(现老挝执政党——老挝人民革命党的前身)成立,当时力量很小,只有千余人,而且几乎都在军中,地方上近于空白。在革命彻底胜利前,老、柬共产党处于"地下"状态,即使在"解放区"也没有以共产党名义公开活动。老挝人民革命党以老挝爱国阵线名称出面活动,越南南方抗美时期的越南劳动党(即越共的南方局)也不公开,以越南南方民族解放阵线名义对外。越南劳动党人阮文灵、柬埔寨共产党人波尔布特和老挝人革党领导人凯山·丰威汉是幕后的实际领袖,而西哈努克亲王、苏发努冯亲王等只是统战组织的挂名领袖。老挝人民革命党历代领导人都与越南有很深的历史渊源,从凯山·丰威汉、坎代·西潘敦直到现在的朱马里·赛雅颂,都在越南接受过教育或培训。凯山是老挝人民革命党的主要创始人和首任主席,其父是越南人,本人早年在越南河内大学学习,1946 年加入印度支那共产党,并成为旅越老侨的反法运动领导人之一。1950 年任老挝抗战政府国防部部长,1953 年任老挝战斗部队总司令,1955 年任老挝人民党(后称人民革命党)总书记,1959 年任老挝爱国战线副主席。自 1975

年老挝人革党夺取政权、成立老挝人民民主共和国后，凯山·丰威汉一直担任老挝人民革命党总书记兼政府总理，掌握实权；坎代·西潘敦任政府副总理兼国防部部长，负责军队工作；苏发努冯亲王担任共和国主席。凯山虽是带兵打仗的军人，但善于讲演，是一个知识型的革命家，在老挝享有崇高威望。由于健康原因，凯山于1991年改任老挝人革党主席兼国家主席，由坎代·西潘敦接任政府总理，朱马里·赛雅颂继任国防部部长。1992年11月21日，凯山·丰威汉逝于任内。

老挝人革党长期处于秘密状态，其领导主要通过全国性的统战组织——"老挝爱国战线"来实现。1972年，老挝爱国阵线领导下的武装力量已解放了全国3/4的土地和1/2的人口，南北解放区已连成一片，并建立了各级民主政权。此时，老挝人民党召开第二次全国代表大会，决定将老挝人民党改称为老挝人民革命党，规定党的宗旨是：领导人民进行民主革命斗争，建设和发展人民民主制度，建立和平、独立、民主、统一和繁荣的老挝，为逐步进入社会主义创造条件。该党一直是巴特寮武装力量（创建于1949年1月20日，曾改名为老挝人民解放军，

1982 年 7 月又改名为老挝人民军）的领导者。1975 年 5 月,在越南、柬埔寨的抗美救国战争相继取得胜利的大好形势下,老挝人民革命党号召人民奋起开展夺权斗争,并于同年 9 月由秘密走向公开。1975 年 12 月首届全国人民代表大会在万象召开,宣布废除君主制,成立老挝人民民主共和国,老挝人民革命党执政。凯山·丰威汉代表党和政府宣布,"老挝已完成了民族民主革命","开创了走向独立、民主和社会主义的新纪元"。老挝人革党"二大"通过的《老挝人民革命党政治纲领》明确提出,"老挝将不经过资本主义发展阶段而直接进入社会主义",其执政的国家以社会主义为方向。

老挝革命的胜利和人民民主制度的建立,既是老挝人民革命党领导人民长期斗争的结果,也同印度支那三国人民团结一致、并肩战斗以及苏联、中国等国家的宝贵支持分不开。在谈到老挝人民革命胜利原因时,凯山·丰威汉特别强调:"老挝民族之所以取得上述胜利,也是由于有老挝、越南和柬埔寨人民之间的战斗联盟。30 年来,三国人民并肩抗击共同的敌人。共同夺取胜利,共同谱写时代的英雄的历史篇章。""老挝的胜利也是与各社会主义兄弟国家、首先是苏联和中华人民共和国以及包括美国进步人民在内的全世界进步的各国人民和政府的同情和有力、宝贵的支持分不开的。"①事实上,这些因素也是老挝走上社会主义道路的重要外部原因。

4. "照搬"外国模式

1977 年 2 月,在老挝最高人民议会和部长会议联席会上,老挝人民革命党总书记、政府总理凯山·丰威汉宣布"老挝革命已经进入了社会主义改造和社会主义建设的新阶段。"②在经济社会落后的基础上,老挝人革党提出了社会主义革命阶段的任务:坚持无产阶级专政,发扬劳动人民当家做主的权利,同时进行生产关系革命、科学技术革命和文化思想革命。生产关系革命主要有两点:一是私营工业和手工业企业实行国有化或公私合营,对私营商业则推行"限制、利用、改造"的政策,严格限制私商的经营活动和经营范围,禁止私商收购稻谷和牲畜,禁止

---

① 《老挝问题资料选编 1975—1986》(上),云南省社会科学院东南亚研究所,1987,第 53 页。

② 高放主编《当代世界社会主义概论》,中国人民大学国际政治系教研室,1985 年 12 月,第 163 页。

私人从事进出口贸易;二是实行余粮征购,规定农民的余粮不得在市场上出售,必须如数卖给国营收购站,否则予以没收。在农村广泛推行农业合作化运动,将抗美救国战争期间在解放区建立的"团结组"、"换工组"统一改成农业合作社。1978 年 5 月,老挝党中央正式发布"开展农业合作化运动的命令",要求在 1980 年年底,全国 80% 的农户必须入社,基本实现农业合作化。在思想文化革命方面,老挝党强调要用阶级斗争观点对人民群众进行思想教育,对旧政权的军政人员送往北部山区进行改造,各群众组织如工会、青年团、妇女协会等进行革命宣传,动员全社会力量为保卫革命政权服务。截至 1979 年年底,合作化运动已在全国 53% 的乡、26% 的村开展起来。由于老挝的农业合作化运动是在全国农村没有进行任何必要的民主改革的情况下进行的,又存在着严重的强迫命令现象,有些地方为完成任务甚至采用行政手段强制推行,大有"一风吹"的势头。不仅有些"农业社"徒具虚名,而且在成立后,生产的组织、管理、产品分配等各个方面政策措施没有落实,致使当年的作物没能及时播种,许多地方产量下降,农民收入明显减少,极大地损伤了农民的生产积极性。1979年11月,老挝人革党举行了二届七中全会,对社会主义改造和建设中的经验教训进行了总结,陆续采取了一些调整和放宽政策的措施。1980年1月,放宽对私人从事商业活动的限制;6月又发布了《关于整顿农业合作化运动中若干问题的紧急指示》,对农业合作化运动进行整顿;1984年,老挝陆续解散了一些农业合作社,让农民以家庭为单位进行生产。但这些调整并没有从根本上改变社会主义计划经济的思想观念和高度集中的管理模式。

在老挝社会主义改造中,由于政府征收农业税,农民积极性不高,甚至不惜毁坏果园、宰杀牲口以避免多交税,农业生产遭到巨大破坏。同时,泰国对老挝进行经济封锁,国际援助减少。受内外因素影响,老挝一度出现食品短缺、物价飞涨、通货膨胀的困难局面。老挝政治体制也出现了明显弊端:一是照抄越南模式,党政合一,在高度集中的政治体制下,党政不分,以党代政;二是不能独立自主地走自己的路,本国的路线方针政策易受外国的干扰和控制。老挝人民革命党长期受越南共产党的影响,建国后,越、老双方以条约形式,肯定了相互之间的

"特殊关系"。相当一段时间,越南在老挝驻有大量军队,在各方面都对老挝施加影响。[1] 老挝领导人也特别重视越老联盟,认为"老越之间全面、牢固、光辉的特殊战斗联盟,作为无产阶级国际团结的一种光辉榜样,在两国人民的革命斗争事业中具有最重要的作用,并富有规律性。""客观存在不仅是在特殊关系基础上建立起来的一种联盟,而且是一种为了两国民族的生存,为了两国的独立、稳固、发展和繁荣的联盟。"[2]特殊的越老联盟,使老挝很难做到独立自主,在政治、经济和军事等各方面产生了严重的依附性。

5. 社会主义发展阶段的重新定位

老挝人民民主共和国建立之初,国家处于自然经济和小生产阶段,物质技术基础极其弱小。在一些大城市刚刚出现的工业生产十分落后,其技术设备、原料和市场都从属外国,小商品生产只是在一些大城镇周围的平原地区和公路沿线出现,这种小生产不能满足消费和生活

---

① 高放主编《当代世界社会主义概论》,中国人民大学国际政治系教研室,1985 年 12 月,第 163 页。
② 〔老挝〕《人民之声报》1980 年 12 月 20 日。

需要,大多数工业品依赖外国进口。商品流通还局限于地方市场,全国还不是一个统一的市场。交通运输落后,许多地区都无公路。农业主要是以水稻种植为主的个体耕种,在许多乡村地区,特别是在少数民族地区,基本上是以家庭耕种旱地为生。农业生产几乎完全是手工式的,使用原始工具,生产效率极低。在社会文化方面,大多数人是文盲,多种危害人民的疾病尚未得到防治,封建社会关系的残余和信鬼敬神的愚昧思想广泛存在。老挝党和国家领导人承认老挝现实,也有改变落后的决心,但在"左"的思想指导下,方针政策出现了偏差,超越了阶段。1986年11月召开的"四大"和1989年10月的四届八中全会,老党总结过去社会主义建设中的教训,认为是"对老挝国情的估计不符合实际,犯了急躁冒进、超越阶段、在条件不具备的情况下,取消非社会主义经济成分的错误。一切都要国有化、集体化,加上分配上的平均主义,阻碍了生产的发展。"

苏东剧变给老挝的政治、经济带来严重冲击,也引发人们对老挝社会主义的反思。老挝人革党顶住压力,坚持党的领导和以社会主义为方向的政治制度不动摇,并明确提出坚持六项原则:坚持社会主义;坚持马列主义是党的思想基础;党的领导是一切胜利的决定性因素;坚持在集中原则基础上发扬民主;增强人民民主专政的力量和效力;坚持真正的爱国主义和国际主义相结合。强调党是国家政治体制的领导核心,社会主义仍然是老挝的前进方向。在此基础上,老挝党重新认识本国国情,认为老挝仍是世界上最不发达的国家之一,生产力水平和国民经济的起点很低,尚不具备建设社会主义的物质基础。老挝仍处在建设和发展人民民主制度,为逐步进入社会主义创造必要条件的历史阶段。老挝现阶段社会的基本矛盾是落后的生产力与发展生产以满足日益增长的社会各方面需要之间的矛盾,当前最迫切的任务是提高生产力水平,逐步把自然、半自然的经济转变为商品经济。老挝人革党科学分析本国国情,对本国的发展阶段问题进行了重新定位,强调要根据尚处于社会主义过渡时期的初级阶段这一认识,来制定自己的路线、方针和政策,不断探索适合本国国情的发展道路。同时,老党领导人多次指出,老对如何将马克思主义运用于老挝的实践,以及在社会主义市场经济等一系列问题上的认识还不十分清楚,有待进一步思索和探讨。1991 年 8 月,老挝修改宪法,将国徽图案中象征社会主义的五角星、镰刀、斧头改为老挝民族的象征——塔銮佛塔。此后,老挝人革党一般不公开提老挝是社会主义国家,只提要将老挝建成"繁荣昌盛"的国家。理由是"目前老挝尚不具备建设社会主义的物质基础","仍处在建设和发展人民民主制度、为逐步进入社会主义创造必要条件的历史阶段"。老挝人革党继续强调,老挝仍处于向社会主义过渡的准备阶段。老挝现阶段的所有制是以生产资料公有制为基础,多种经济成分并存。各种经济成分在国家的指导和监督下有生产和流通的自主权。老挝当前最迫切的任务是大力发展商品生产,逐步把老挝的自然、半自然经济转变为商品经济。老挝人革党最近几次代表大会仍沿用"六大"对老挝所处社会发展阶段的提法,即巩固和发展人民民主制度,坚持社会主义方向,为进入社会主义创造基本条件。老挝人革党"九大"制订了分阶段的经济发展计划:2011～2015年基本消除贫困并使全国家庭贫困率低于 10%;2015～2020 年,使国家摆脱不发达状态并向现代化和工业化方向转变。

二　国家调节的市场经济

1986年老挝人民革命党第四次代表大会对一度过激过"左"、脱离老挝实际的一些做法进行了反思,认为党在社会主义改造问题上存在主观、急躁思想,在经济管理体制上存在过分集中、官僚、统包和不充分考虑经济效益的问题。对老挝所处的发展阶段、引入市场机制、发展国家资本主义经济成分等问题有了新的认识,提出老挝要以列宁的新经济政策作为本国革新事业的理论基础,在经济政策上,改变过去单一公有制的经济模式,逐步建立以公有制为主导、多种经济共同发展的经济制度。老挝按照党的"四大"确立的革新路线,先在农村实行承包经营,后在城市工商企业建立健全经营核算机制,经济分级管理,赋予企业经营自主权,扩大对外经贸合作,推动老挝自然经济转化为商品经济、计划经济体制逐步转向"国家调节的市场经济"。

1. 农村实行承包经营制

老挝20世纪80年代中期人口只有500多万,农业人口占90%以上。国民经济以农业为主,是典型的农业国。工业基础相当薄弱,属世界上最不发达的国家之一。经济革新首先从农村开始,1987年开始解散农业社,推行家庭承包制。不久,老挝政府扩大承包范围,除鼓励农民承包耕地、菜园、鱼塘外,还允许农民承包荒山、山林。苏东剧变后,为保证承包制的连续性,老挝政府制定了一系列政策法规,颁布了《土地法》《土地税法》,以国家立法的形式来保护农村革新成果。《土地法》规定"国家保护农民长期享有土地使用权、继承权和转让权"。法律允许土地可按国家规定作为财产担保,并向土地法人颁发了土地证。对农业增加投入,发展农业技术,扶持生产专业户。近些年,老挝逐步加大对农业的投入,大力兴建农田水利设施,发展农机、农药和化肥生产,促进农业专业化生产。通过这些改革和发展措施,初步改变了长期处于自然、半自然经济的农村和农业面貌。农业林业部门加强国际合作,推进优良品种培育,教授农民使用化肥和种植技术,提高大米产量。近年来,老挝大米年产量保持在300万吨以上,其中出口200万吨,粮食实现自给有余。2012～2013年度,老挝全国稻谷产量达到350万吨,人均约500

公斤,超出老挝年人均 300～350 公斤的实际需求。肉类、水产品、禽蛋等年人均供应量达到 50 多公斤。畜牧业和其他农副业生产也迅速发展起来,农村还出现了一些年收入数万美元的种养专业户。目前,老挝全国 8615 个村中,81% 实现通路,66% 实现通电,88% 普及小学义务教育。贫困家庭比例从 2012 年的 16% 降到 2013 年的 13%。

2. 企业扩大自主经营权

从 1991 年开始,老挝在城市和工业领域全面推进改革。工业企业首先实行经济核算制和扩大经营自主权。1990 年 3 月,老挝政府《关于把国营企业转换为其他所有制形式的决定》指出,除电力、邮政、自来水、公路桥梁建设、采矿和军工企业由政府控制的公有企业经营外,其他企业均陆续通过承包、租赁、合资、股份制等不同形式,由公有制转为其他所有制企业经营。老挝原有 900 多家国有企业,短短几年内,多数国有企业转为非国有企业。2010 年 10 月,老挝在万象成立了第一个证券交易所,2011 年 1 月 11 日举行首个交易日仪式,虽然只有两家公司股票在该交易所上市交易,但这标志着老挝企业开始按照现代企业规范进行管理。据老挝政府主办的《管理者》杂志报道,截至 2011 年底,老挝共有 139 家国有企业,总资产为 194,300 亿基普(约合 25.9 亿美元),占当年老挝国内生产总值的 33%。2011 年对老挝经济增长贡献最大的是国内外私人企业,贡献率为 16%,其次为国有企业,贡献率为 8.2%,公私合营企业列为第三,为 7.3%。老挝吸取过去取消非社会主义经济成分的教训,鼓励私有经济发展,明确指出"各种经济成分在法律面前一律平等",要形成以生产资料公有制为基础,多种经济成分、多种所有制形式和多种经济组织形式长期并存,各种经济成分依照市场经济机制在国家管理下开展活动,平等竞争,共同发展的经济格局。老挝人革党"八大"还强调"国有经济为主导,促进各种经济共同发展",而在 2011 年 3 月老党的"九大"政治报告中,已不再提"以国有经济为主导",而是强调"各种经济共同发展"。原因是,经过多年革新开放,老挝经济中 90% 为非国有经济,国有经济所占比例较小,而且负债累累,普遍亏损,对经济增长不仅没有贡献,而且成为经济发展的拖累。为了进一步下放权力,搞活企业,2012 年 11 月,老挝人革党九届五中全会提出做强国企、壮大民企,对企业实行分级管理。由于扩大企业自主经营权,企业根据市场机制和市场供需规律自主经营,企业生产积极性和经济效益得到普遍提高,商品生产势头持续增长,国内市场商品日益丰富,出口产品不断增加。目前,全国企业数量从 1986 年的 2 万家,增加到 2012 年的 22.3 万家,增长了 10 倍。水电开发是拉动老挝经济增长的主要动力,国家外汇收入的 1/3 来源于电力出口。旅游业已成为老挝第二大收入来源,仅次于矿产业。据统计,2008～2013 年,来老挝旅游的人数分别为 160 万、200 万、250 万、270 万、330 万。2012 年,旅游业给老挝带来大约 5.14 亿美元的外汇收入。

3. 改革经济管理体制

老挝人革党认为,经济领域革新的主要任务就是要大力推进老挝经济"从自然经济和半自然经济状况向商品经济的转变",为了实现这一目标,"老挝必须建立不同水平和不同要素的多种所有制的商品经济结构"。为此,1991 年 8 月 15 日颁布的老挝宪法在第二章第 14 条规定,"国家保护和促进国内外所有投资者在老挝的投资方式,包括国家所有制、集体所有制、个体所有制和私人所有制。国家鼓励所有经营单位进行竞争和相互合作的经营活动,所有经营单位在法律上一律平等"。在管理方式上,老挝取消中央计划经济方式和行政官僚的经济管理机制,鼓励多种规模的经营方式共同发展,在政企分开的基础上建立新的适合经济发展的管理机制。在经济管理体制方面,老挝提出要实行"国家调节的市场经济",由指令性计划转变为国家指导性计划和实行宏观调控。为此,从1988年开始,老挝进行了一系列改革:将中央集中计划体制转变为国家指导性计划和宏观调控,企业按市场机制自主经营;由多种价格和汇率转变为单一价格和单一汇率;财政与银行分离,分设中央银行和商业银行,变一级银行体制为二级银行体制,批准多家外国银行在老挝开设分行;改革财政制度和财政管理办法,企业实行利改税。[①] 加强经济立法,依法管理经济。经过十多年经济管理体制改革,老挝基本上建立起国家调节的市场经

---

① 肖枫主编《社会主义向何处去》,当代世界出版社,1999,第471～476页。

济体系,国家加强宏观管理,通过法律管理经济。国际金融危机后,老挝政府加大宏观经济调控,抑制通货膨胀,大力发展农业、矿业、旅游、水电等优势产业,加大农村发展和扶贫工作力度,推进合并村和小城镇建设,尤其是农村道路、学校、诊所、水电、通信等基础设施建设,推动发展集约化商品生产,鼓励地方成立农村信用社、服务社和各类商品生产合作社,完善经贸投资领域法律法规及促进经济特区发展的政策措施,等等。老挝经济革新28年来,逐步实现由自给自足的自然经济向商品经济的转化,形成多种所有制经济共同发展的格局,基础设施建设粗具规模,经济结构日趋合理,劳动力素质不断提高,人民生活有较大改善,全面解决温饱问题,人均GDP从1986年的114美元增加到2012～2013财年人均1534美元,增长12倍多。2006年3月,老挝人革党"八大"提出了在"六五计划"(2006～2010年)期间,经济增长年均不低于7.5%,2010年人均GDP达到800美元,这一目标均顺利实现并超过,2008年人均GDP就达到835美元,2009年则上升到906美元。1988～2008年,老挝经济年均增长约6%,2010年老挝经济增长速度达到7.8%,超过预定目标0.3%。2011年老挝人革党的"九大"以来,老挝实行以资源换资金、换项目的发展政策,吸引国内外资金投入道路、电力、教育、医疗卫生等基础设施建设,为国内外企业创造更好的外部环境,进一步推动经济社会快速发展。近5年来,老挝年均GDP增速都在8%以上。但老挝宏观管理仍需加强,特别是要解决政府权力部门的消极腐败现象,解决社会反映较强烈的投资项目审批慢,工作人员以权谋私等问题。

4. 积极开展对外经贸合作

老挝革新与开放同步进行,1986年老挝人革党"四大"提出的革新路线就已包含对外开放方针,相关文件指出,为了摆脱贫困落后状况,老挝必须扩大对外合作关系,将老挝的经济融入世界经济环境中,在国际合作中争取资金和技术援助,吸收国外的先进管理经验,为发展生产力培养技术工人和管理队伍。为吸引外资、扩大对外经济合作,老挝政府于1988年就颁布了《外国投资法》,以法律形式保护外资经营合法权益。进入21世纪后,老挝进一步对外开放。2006年老党"八大"强调继续坚持多方位与多种形式的对外交往,保持同越南的特殊关系,加强与中国全面合作,加强与东盟国家睦邻友好,积极争取国际经济和技术援助。

首先,加强同东盟国家发展经贸关系,积极加入东盟经济体和世界贸易组织。老挝地处东南亚,在经济一体化和区域化的形势下,加入东盟、加强区域合作是老挝经济和社会发展的积极选择。20世纪90年代,老挝人革党"六大"明确要求,以发展和建立与东盟的友好合作为重点,积极参与地区和平、友谊与合作事业。1996年年初,老挝主动申请加入东盟,1997年7月23日入盟并于1998年加入东盟自由贸易区。近年来,老挝采取积极措施加快与东盟国家的接轨,积极推进关税削减计划,以配合东盟自由贸易区建设,在政治、经济、外交等领域加强与东盟国家的合作,并取得显著成绩。

从1998年开始到2008年依照东盟自由贸易区共同执行具有约束性优惠关税税率协议(CEPT),老挝的关税税率已降低至0%~5%,到2015年将降低到0%。2012年东盟区域内流通的老挝商品税率低于5%的有9110种,约占全部商品的95.31%。

老挝积极参与东盟地区事务,先后成功主办第十届东盟领导人峰会、第 25 届东盟运动会、10＋3 劳工部长级、环境部长、农林部长会议和东盟与中日韩（10＋3）领导人第八次会议,老挝在会上同与会的各国领导人共同确定了东亚共同体为东亚合作的长远目标,决定启动东亚自贸区可行性研究。2008 年 3 月,大湄公河次区域经济合作(GMS)第三次领导人会议在老挝万象举行,中国国务院总理温家宝、柬埔寨首相洪森、老挝总理波松、缅甸总理登盛、泰国总理沙马、越南总理阮晋勇出席了会议,波松主持会议。在友好、务实和建设性的气氛中,各国领导人围绕加强联系、提升竞争力、增强大家庭意识的主题深入交换意见,达成广泛共识。2013 年 12 月 10 日至 11 日,大湄公河次区域(GMS)经济合作第十九次部长级会议在老挝万象举行,会议主题为"做好新一代 GMS 合作规划,推动次区域快速发展"。会议审议通过了区域投资框架合作项目规划,签署了成立 GMS 铁路联盟备忘录,目的旨在为推动次区域内铁路互联互通,促进铁路基础设施资源的优化配置提供制度性安排。此外,会议还就如何进一步推动区域一体化及区域投资框架合作项目的有效实施等议题进行了讨论。2012 年 12 月,经过多年谈判,老挝加入世界贸易组织,并将在 2015 年成为东盟经济共同体成员,这些将进一步扩大老挝开展对外经济合作空间,为老挝经济快速稳定发展奠定了坚实基础。老挝出口额从 1990 年的 0.79 亿美元增加到 2012 年的 19.8 亿美元。2013 年 4 月,老挝党中央和政府通过了《关于加快推进经济与国际接轨进程决议》,确定了与国际接轨的有关政策。强调要坚定革新路线和国家既定方针和目标,牢牢把握加快与国际接轨的目标和机遇,在确保国家独立、主权和合法利益的基础上,加快推进经济与国际接轨进程,提高国际合作的效益,提高经济竞争力。

其次,扩大开放,实施"以资源变资金"战略,争取外国援助和外国投资。1994 年老挝国会颁布《外国投资管理法》,对外资采取优惠政策,如规定政府不干涉外资企业的事务,允许外资企业汇出所获利润;外商可在老挝建立独资企业、合资企业,国家将在头五年不向外资企业征税等。2004 年,老挝继续补充和完善外商投资法,放宽矿产业投资政策。2006 年,老挝吸引外资共合 27 亿美元,同比增长一倍多,主要投资国家包括中国、泰国、越南、韩

国、美国和澳大利亚等。目前,老挝同 50 多个国家和地
区有贸易关系,与 19 个国家签署了贸易协定。2010 年 10
月,老挝目前最大的水电站工程——南屯 2 号水电站正
式建成投产,这是老挝历史上利用外资最多的一项工程,
得到世界银行、亚洲开发银行及其他 26 家财团的支持,
共融资 15. 82 亿美元,老挝在该电站持股 25% ,法国电力
公司持股 40% ,泰国电力公司持股 35% ,25 年后,该电站
产权自动移交老挝。这是老挝经济社会发展的一项示范
工程。2012 年 12 月,由中国电建集团所属水电股份公司
在老挝投资的南乌江梯级水电开发工程建设正式启动,
这是中国水电集团目前最大的境外投资项目,采用 BOT
模式,由中国水电投资建设并经营一段时间之后再转交
老挝政府。项目共规划 7 个梯级电站,总装机容量达
115. 6 万千瓦。项目一期开发二、五、六级电站,总装机容
量 54 万千瓦,年平均发电量约 20. 92 亿千瓦时,其他梯级
将择机开发。南乌江流域梯级电站的建设是老挝电力资
源开发规划中的一个重点项目,也是一项利国利民的重
要工程。项目建成后将为老挝北部和老挝电网提供稳定
优质的电源,同时将极大改善整个丰沙里省、朗勃拉邦省

和整个南乌江流域地区的交通条件,促进流域地区的旅游业和工业的发展,从而带动当地社会和经济的快速发展。2013 年,老挝电量生产超过 60 亿千瓦时,除满足国内用电外,尚有 40 亿千瓦时销往国外,创汇 2 亿多美元。目前,除极少数交通不便的偏远山村外,老挝 83% 的家庭实现用电。

最后,建立经济特区和经济专业区。目前,中、泰、越、韩、欧盟是老五大外来投资体,主要投资领域是基础设施、农业、贸易、服务业。老已开放 24 个国际口岸,已建成 4 座跨湄公河大桥,老挝和泰国经济联系更加紧密。老挝自 2000 年设立经济开发区以来,已批准设立了 10 个经济开发区,占地 13564 公顷,其中有 2 个经济特区及 8 个专业经济区,即:沙湾 - 色诺经济特区、金三角经济特区、磨丁丽城专业经济区、万象嫩通工业贸易园、赛色塔综合开发区、东坡西专业经济区、万象隆天专业经济区、普乔专业经济区、塔銮湖专业经济区、他曲专业经济区。目前,进驻开发区的国内外投资企业共 100 多家,其中有国内企业 26 家,外资企业 74 家,合资企业 5 家,协议资金 42.7 亿美元。投资行业中服务业占

49%、工业占33%、商业占18%。创造了8000多个就业岗位。老挝计划在全国建设41个经济特区。在2013年中国广西举办的第十届中国－东盟博览会上，有56家老挝企业参会，分别展出家具、农产品、手工艺品、装饰品等9类商品。

三　巩固人民民主制度

为了保证革新政策沿着正确的方向顺利推行，1989年10月，老挝人民革命党四届八中全会制定了在革新过程中必须遵循的六项基本原则：一是坚持社会主义目标，在重建人民民主政权和发展生产力的基础上，逐步走向社会主义；二是坚持以马列主义为基本指导思想，结合老挝的国情，创造性地加以运用；三是坚持党的领导，加强党的自身建设基础；四是坚持民主集中制；五是坚持人民民主制度，加强人民民主权力，为人民服务，以人民为本；六是坚持独立自主原则，扩大对外合作关系。老挝党和领导人反复强调，要继续坚持这六项基本原则，认为老挝走向社会主义，必须保证党的正确领导，坚持和巩固人民民主制度，并不断革新国家行政体制，合理划分国家权力，这样才能推动革新事业稳步发展和社会不断进步。

1. 老挝国家政治结构和权力划分

1975年5月，越南南北统一，极大地鼓舞了老挝人民革命党和老挝人民为夺取全国政权而做最后努力。在老人民革命党领导下,老挝人民在全国范围内展开夺权斗争,普遍成立了各级人民政权。同年12月1日,老挝全国人民代表大会召开,宣布成立老挝人民民主共和国,决定成立最高人民议会(1991年8月改名为国会)。老挝人民革命党领导人、政府总理凯山·丰威汉当时在回答苏联记者谈话时说:"在老挝几千年的历史上,人民首次成为祖国和社会的真正主人。这种胜利证明了当代的一个真理:一个落后、弱小的民族,只要紧紧团结,善于发扬优良的斗争传统和有一个马克思列宁主义政党的英明领导,那么,它一定能够解放自己和建立一个崭新和进步的制度。"他认为:"老挝成了世界社会主义体系在东南亚的极其重要的前哨。"[1]凯山在1975年12月举行的老挝全国人民代表大会上,全面阐述了老挝人民民主共和国政治制度的内容,确定了新政府的政治路线和施政纲领:高举民族民主和社会进步的旗帜,加强全国人民的团结,团结各民族,全面加强革命力量,坚决斗争,彻底铲除新殖民主义的一切残余、影响和

---

[1] 《老挝问题资料选编1975—1986》(上),云南省社会科学院东南亚研究所,1987,第35页。

势力,粉碎美帝国主义及其走狗的一切新阴谋,牢牢地保卫祖国的独立、民主、统一和领土完整;废除君主制度并铲除封建头人制度和租佃制度的一切残余以及一切落后文化和思想的残余;建立人民民主共和国制,建立和巩固从中央到地方的老挝人民民主共和国政权机构,使之成为真正民主、坚强、有足够的力量来管理国家和社会的政权体系。① 按照这一纲领,老挝开始建立人民民主共和国的国家机构并开始实行国家经济发展的总计划。

作为国家最高立法机关,老挝最高人民议会职权是:起草宪法,制定各项必要的法律,推动、协助和监督政府的一切活动。议会设财政、宪法起草和预算等委员会。每年举行两次例会,休会期间其事务由常务委员会处理。老挝最高人民议会的组织结构包括主席、一至两名副主席、议会成员。老挝最高人民议会设有常务委员会,它是议会的常设机构,在议会闭会期间代表议会行使权力。常委会具有下列权力:召集国会大会;教育人民提高遵守宪法和法律的意识;发布国家主席签署的决定和决议;监

---

① 《参考资料》1975 年 12 月 7 日。

督和观察行政机关和司法机关的活动;任免最高人民法院副院长和最高人民检察院副检察长、各级人民法院的法官;指导和领导国会委员会的活动;确保议会完成其法定职责和任务;为议会的成员创造良好的工作条件,使他们能履行职责。根据最高人民议会和部长会议的各项规定,老挝在这一时期颁布了一些关于国防、治安、财政、经济和社会文化方面的法律、法令,有力推动了老挝政权建设。

1989年3月26日,老挝举行了自1975年老挝人民民主共和国成立以来第一次大选,选举最高人民议会代表。有121名候选人竞争79个席位。180万选民(占老挝人口的47%)以不记名方式投了票。新选出的最高人民议会代表讨论并通过了旨在加强老挝政治和法制机构的宪法及其他一些基本法。[①] 1991年年初,老挝将最高人民议会改称国会,取消各级人民议会,国会议员由群众直接选举产生。1991年8月15日老挝最高人民议会二届六次会议通过了老挝人民民主共和国第一部宪法。宪

---

① 《人民日报》1989年3月28日。

法规定,老挝人民民主共和国是人民民主国家,全部权力归于人民。国家实行人民民主的政体,国会是全体人民的代表机构,所有成员由全国人民直接选举产生,代表人民行使国家的一切权力,具有至高无上的地位和权威。各族人民在老挝人民革命党的领导下行使当家做主的权利。宪法还规定,国会即国民议会是国家最高权力机构和立法机构,只有国会才能制定和修改宪法,宪法的修改必须在国民议会举行会议期间进行,并按全体成员的2/3多数,才能通过宪法修改案。国会还有权制定、修改、废止老挝各种法律。国会及其常务委员会有权指导和监督行政和司法机关的工作,指导和监督宪法和法律的执行。国会每年的第一次大会要听取和审议政府工作报告和最高人民法院、最高人民检察院的工作报告。国会及其常务委员会监督政府的工作,政府向国会负责,执行宪法和法律以及国民议会做出的决定,并向国会报告工作,接受国会的管理和监督。国会的成员有权向总理和政府其他成员提出询问,被询问者必须在国会举行会议前做出书面或口头的答复。国会在国家主席的动议下,决定政府成员的任免,甚至可以对政府提出不信任案,迫使政府集体辞职。政府成员要回答国会成员提出的询问,接受监督。国会设有若干个委员会,以帮助国会及其常务委员会从事立法和监督工作,如秘书委员会、法律委员会、经济计划和财政委员会、文化和社会(公共福利)委员会、民族委员会、外交事务委员会。委员会的设立不是固定的,每届国会可根据工作需要来设立委员会。为了完成各自的职责,各委员会有权同党的机构、政府机关和其他组织联系,要求提供有关问题的数据、材料、证明和其他文件。每个委员会可制定各自的议事规则,在主任的主持下采取民主集中制的方法决定问题。老挝国会还拥有负责审议社会经济发展计划,设立、更改、废除税种和印花税,决定国家预算等权力。

1997年3月,老挝颁布了《国会议员选举法》,规定国会代表候选人可由组织、群众推荐和个人自荐相结合的办法产生,候选人应到选民中竞选,国会议员通过差额选举办法选出,国会任期5年,每年举行两次例会。现为第七届国会,共有132名议员,国会主席为2011年6月当选的巴妮·雅图都。

国家主席为国家元首。老挝人民民主共和国第一任国家元首苏发努冯(1975 年 12 月 3 日~1991 年 8 月 15 日,其间的 1986~1991 年 8 月由富米·冯维希代理国家主席职务);第二任国家主席凯山·丰威汉(1991 年 8 月 15 日~1992 年 11 月 21 日);第三任国家主席诺哈·丰沙万(1992 年 11 月 25 日~1998 年 2 月 24 日);第四任国家主席坎代·西潘敦(1998 年 2 月 24 日~2006 年 6 月 8 日);第五任国家主席朱马里·赛雅颂(2006 年 6 月 8 日至今)。凯山·丰威汉、坎代·西潘敦和朱马里·赛雅颂三人同时兼任中央国防治安委员会主席(20 世纪 90 年代称中央军委),也是军队的最高统帅。坎代·西潘敦和朱马里·赛雅颂,两人均是久经考验并具有崇高威望的革命家。坎代 1924 年 2 月 8 日生于老挝占巴塞省班孔村一个农民家庭。1947 年参加抗法武装斗争,1954 年加入印度支那共产党,1956 年转为老挝人民党(1972 年改称为老挝人民革命党)党员。毕业于党的高级理论学校。1948 年坎代任老挝抗战政府驻下寮地区代表,1957~1959 年任老挝人民革命党中央办公厅主任,1960 年任党中央军事负责人和寮国战斗部队总司令。1972 年后历任老挝人民革命党第二至第七届中央政治局委员,1975

年任副总理兼国防部部长和人民军总司令。1991 年 8 月任政府总理,1993 年 2 月连任。坎代 1992 年 11 月在老挝人民革命党中央特别会议上当选为党中央主席,并在 1996 年 3 月党的"六大"和 2001 年"七大"上获得连任,当选为党中央主席。1998 年 2 月当选为国家主席,2002 年 4 月再次当选。2006 年 3 月,坎代因年事已高需要休息而辞去老挝人民革命党中央委员会主席职务。现任老挝国家主席是朱马里·赛雅颂。朱马里于 1936 年 6 月 3 日生于阿速坡省,1991 年任国防部部长,1998 年兼任副总理,2001 年当选国家副主席,老挝人民革命党五至七届中央政治局委员。2006 年 6 月 8 日,老挝国会通过表决,选举朱马里为新的国家主席,同时接替坎代·西潘敦党中央主席①的职务。

老挝人民民主共和国建立后,老挝各族人民在人革党的领导下行使当家做主的权利。国家最高行政机关名称几经变化,最初称政府,凯山·丰威汉为首任政府总理(1975 年 12 月~1982 年 9 月)。1982 年 7 月,老挝国民

---

① 老党"八大"时将党主席改称总书记。

议会常务委员会决定把政府改为部长会议,凯山·丰威汉接任部长会议主席(1982.9～1991.8)。老挝全国现划分为 17 个省①和 1 个直辖市,地方政府按行政隶属关系统一接受中央政府管辖。1997 年 3 月,部长会议改为内阁。现在,老挝内阁是国家最高行政机关。内阁属下有国防部、外交部、内政部、教育部、劳动和社会福利部、新闻和文化部等近 20 个政府部门。现任内阁总理是通邢·坦马冯,1991～2008 年历任老挝人民革命党中央政治局委员、党中央组织部部长、万象市委书记、市长、老挝国会主席,2010 年 12 月 23 日任命为老挝总理。4 名副总理分别为阿桑·劳李(主管社会文化)、通伦·西苏利(兼外长和中联部部长)、隆斋·披吉(兼国防部长)和宋沙瓦·棱沙瓦(分管经济)。

老挝司法机构由国家最高人民法院、省人民法院及地区人民法院组成。老挝的最高司法权力机关是最高人民法院。司法机关独立行使审判权,国会及其常务委员会有权监督司法机关的工作。最高人民法院院长和最高

---

① 2013 年 12 月设立赛松本省。

人民检察院检察长由国会选举产生，并由国会任免。国会常务委员会任免最高人民法院的副院长、最高人民检察院副检察长和各级人民法院的法官。国会成员不得担任司法机关的任何职务。

2. 精简国家机构

老挝由于受苏联社会主义模式影响，一度没有将夺取政权的党与执政党区别开来，对执政党的主要任务及领导方式的理解还是停留在革命阶段。长期以来，党政不分，以党代政，以党的政策甚至是领袖的个人意志代替法律，长期以来形成的高度集中的领导体制依然存在，只是程度不同而已。政治体制革新是老挝革新事业的一项重要内容。自党的"四大"以来，老挝在精简党政机构方面下了不少功夫。老挝人革党和政府认识到，政府机构改革是一项艰难复杂、涉及面很广的工作，必须积极稳妥地进行，要与本国的现行制度和实际情况相适应。政府机构改革遵循"民有、民享、民治"原则进行，使政府机关高效、精简、廉洁。明确政府起管理作用。1986 年老挝精简机构，裁减公务员人数。国家机关的 25 个部、委、办减少了 10 个，撤销了部分司（局）级工作部门，调整了中央党政部门和省市县的领导班子。老挝党的"五大"取消了党中央书记处,明确要求党起领导作用。老挝人革党的"六大"规定中央各部委不单独设机关党委,机关本身就是党委,党的高级领导机构只设中央政治局,不设书记处和候补委员;实行党政兼职制,省委书记兼任省长,县委书记兼任县长。"六大"将中央政治局委员由"五大"的11人减为9人,中央委员由"五大"的59人减为49人,新补充了一批年富力强的中青年干部。[①] 老挝1991年和1997年两次精简了党和政府机构40%的工作人员。对中央各部委的宏观职能做了重新规定,中央和国家机关定编定制,精简机构,提高办事效率。此外,老挝进一步完善干部人事制度,细化各级干部责任制,并制定出职务监督、纪律和奖惩条例,加强对各级干部的教育、培训、管理和监督。高度重视干部革命化、知识化和年轻化;提高干部素质,在确保政局稳定的情况下,逐步实现领导层的新老交替。2006年3月老人革党"八大"成功地实现了党的最高领导人交接,年事已高的坎代主席让位,大会一致

---

① 《东南亚纵横》1997年第2期,第47页。

选举朱马里为中央委员会总书记。

2012 年 3 月,老挝人革党中央政治局通过决议,在全国省市的 51 个县、109 个村开展"三建"试点工作,即把省建成战略单位、把县建成全面坚强单位、把村建成发展单位,核心是明确责权利,简政放权,赋予地方政府更多项目审批权、管理权、税费征管权、人事管理监督权。老挝党中央书记和总理每年多次下基层,检查落实"三建"工作。2013 年 11 月举行的老党九届七中全会提出要逐步将"三建"普及至全国县、村。

老领导决策既有高度集中弊端,也有权力分散、各自为政现象,决策失误较多。如中央工程运输部门和许多省份未经中央同意和国会批准,擅自上马各种项目,计划外投资现象较为普遍,导致国家债务剧增,也加剧了财政困难。在干部制度上普遍采用上级任命制,下级对上级负责,权力高度集中,由此产生许多弊端,民主集中制原则很难真正实行。

3. 加快社会主义民主和法制建设

苏东剧变后,老挝人革党吸取苏共垮台的教训,积极进行政府机构改革,进一步完善人民民主制度,切实加强社会主义法制建设。在民主建设方面,老挝党把"密切联系群众,加强党群关系,一切从人民的利益出发,依靠人民,制定政策与人民协商并得到群众的理解和自觉执行"作为重要原则,在社会生活各领域都强调要充分依靠群众,发扬民主,明确规定各群众组织和社会团体的职责、权利和义务。为实现人民当家做主,老挝改进选举制度,由群众直接选举产生国会议员。1997年3月颁布《国会议员选举法》,候选人由组织、群众推荐和个人自荐相结合的办法产生,候选人到选民中竞选。老挝国会积极履行作为全国人民权力和利益代表机关的职责。七届国会两年来共召集3000多次选民见面会,参与群众达47万人,老挝政府广泛听取了群众对政府工作的意见。本届国会常委会每月召开1次例会和多次特别会议,就国家许多重大事项进行民主讨论和集体决策。

在革新过程中,老挝党和政府十分重视法制建设。虽然商品经济不发达,国民大多数虔心向佛,但老挝政府坚持依法治国原则,以法治政府取代传统的家族头人管理方式。建国以来,老挝国会先后制定和颁布了上百部法律法规,除《宪法》《国会法》《刑法》《民事诉讼法》《监察法》《审计法》《土地法》《商业银行法》和《外国投资法》等重要法律,还有大量为规范各种经营活动和社会行为的法律法规,如近年颁布了《司法行为制定法》《消费者保护法》《食品法》《证券法》《统计法》《艾滋病预防法》《律师协会法》《中小企业促进法》《旅游法》《水利法》《电子商务法》《多形式运输法》《科技法》《社会保障法》《职业教育法》《生物技术安全法》和《治安法》等。修订了《民事诉讼法》《刑事诉讼法》《反贪污腐败法》《刑法》《毒品法》《劳动法》《企业法》《会计法》《国有财产法》《国家遗产法》《审计法》《律师法》《加工工业法》《增值税法》《邮政法》《陆路运输法》《陆路交通法》《环境保护法》《国防义务法》《税法》《关税法》《矿产法》《知识产权法》《电力法》《保险法》《水资源法》《渔业法》和《植物保护法》等法律。老挝七届国会拟在 2015 年前制定法律 48 部,修订原有法律 42 部。以便为国内经济建设、对外开放和维护国内政局稳定提供法律保证。

针对少数党员放松自身思想改造,出现个人利己主义、狭隘的地方部门主义、机会主义、官僚主义、脱离群众、滥用职权、贪污受贿等消极现象,老挝人革党一方面重视维护法律尊严,加强国内法制宣传,增强执法力度,调整司法机关,提高执法能力;另一方面加大反腐败斗争力度,强调反腐败关系到党和国家的前途命运,对党内腐败分子和违法乱纪行为严加处理,绝不姑息迁就。在党内,老挝人革党强调通过加强党群关系来反腐败,狠抓廉政建设和党的作风建设,从严治党。老人革党出台了领导干部政治责任制度等一系列规章制度,完善党内管理和约束机制,鼓励群众积极参与对各级领导干部的监督检举。根据2003年颁布的老挝政府组织法和2012年12月颁布的《反贪污法(修正案)》,老挝政府颁布了2013年第159号总理令,在全国各党政机关、建国阵线、群众组织、国有企业和国家参股企业的公务员、干部、军官、警察等实行官员财产和收入申报制度,需要申报的财产和收入包括:土地、房屋、遗产继承、各类交通工具、生产工具、金银首饰、债券、股票、国内外存款、2000万基普合2500美元以上的债权债务;工资、补助、离退休津贴、家庭经营、经商、买卖、租赁、放贷所得、存款利息、价值500万基普约合625美元以上的礼品、服务性收入、知识产权收入等。要求申报内容清楚、完整、客观,不得瞒报、漏报。首次申报后第二年申报一次,任职、参选前和卸任后30日内须进行申报。

近些年来,由于老挝一些政府部门在行政管理中存在一些漏洞,贪污受贿、违法乱纪行为时常发生,屡禁不止。有的干部走私木材,骗取政府钱财用于偿还个人债务。政府权力部门在招投标、政府采购、经营许可审批等方面存在大量滥用职权、收受贿赂、中饱私囊现象。如万象市部分干部与村干部相互勾结向企业和个人私售国家土地15892公顷,涉案金额达130亿基普约合164万美元。对此,老挝党和政府将反腐败作为一项长期战略任务,要求常抓不懈,从法律和制度建设上狠下功夫。近年陆续出台了《中央委员会关于新时期加强纪检工作和预防打击腐败的决议》《党员禁令》《反腐战略》《反腐败法》等党纪法规。对政府投资项目、矿产资源开发、土地批租和木材开采等领域中的违法犯罪案件一查到底。在反腐败过程中,老挝政府积极落实《联合国反腐公约》,同有关国际组织开展广泛合作,成功主办了东南亚反腐会议,积极配合联合国有关机构完成对老挝反腐工作的审查。为防止国家财产因国家工作人员贪污而流失,老人革党中央于1993年成立了反贪污委员会,各省相应设立了党政监察委员会、反贪污专门委员会等机构,从中央到地方的党组织均设检察委员会,反腐败机构的级别也相应提高,由中央政治局委员任中纪委书记,各省均安排常委专职负责监察党的基层组织及其党员执行党的方针、路线、政策和纪律情况,监督政府部门工作人员的行政行为。严格的法纪和全覆盖的严密组织为反腐败提供了组织和制度上的保障,有力地打击了党员干部队伍中的违法和腐败行为。1991～1996年,纪检监察机关共查出国有集体资金流失320多亿基普,追回损失200多亿基普,处分违纪人员960人。2001～2006年,查出国有资金流失总额高达4729亿基普、2180万美元和620万泰铢。2006～2008年,老挝监察机关共查处100多名贪污腐败分子,为国家挽回经济损失3300多万美元。2011年对101家单位进行审计,又查出流失资金2590.37亿基普。2012财年查出未经国会批准的政府预算超支金额达42427.2亿基普,内部贪污呈上升趋势。2012年3月老挝人革党召开全国第二次纪检工作会议,提出加大纪检、审计和反腐工作力度,提倡社会和媒体参与对贪腐的监督。

四　提升党的领导作用和能力

老挝的社会和经济取得了长足的进步,人民生活日益改善,成为东南亚政治稳定、经济快速发展、社会安定和谐的国家之一。老挝人革党为什么在一个落后的国家能够保持长期执政地位,并且得到人民的拥护、信任,其中的一个重要原因是老人革党坚持革新路线,重视执政党自身建设。

1. 执政的老挝人民革命党

1975 年之前,老挝国内党派较多,除人民革命党外,还有老挝人民联合党、老挝中立党、老挝民族主义自由民主党、老挝国家党、老挝联合党、老挝独立党、老挝民主党等,还有寮国自由民族统一战线、老挝爱国者俱乐部、老挝民众救国同盟、爱国中立力量联盟等政治团体。这些政治组织多数是在二战后成立的,由于是少数政治精英人物间的松散联合,追随的群众不多。① 老挝人民民主共和国建立后,

---

① 《老挝问题资料选编 1975—1986》(上),云南省社会科学院东南亚研究所,1987,第 8 页。

实行一党制,对其他政党和政治组织进行改组或解散,人民革命党成为唯一合法政党,也是唯一的执政党。在老挝政治权力结构中,人民革命党是国家政治生活的唯一领导力量。国会、国家最高行政机关和地方行政机关、各级司法机构等都是在人革党的领导下开展工作。1996 年 3 月,老挝人革党"六大"通过了党的新章程,对党的性质和作用进一步做了明确规定,指出老挝人革党是老挝人民民主政治体系的领导核心,其宗旨是领导全国人民进行革新事业,继续建设和发展人民民主制度,建设一个和平、独立、民主、统一和繁荣的老挝,为逐步走上社会主义创造条件。老挝坚持党是国家的领导核心并实行"党管干部"和"党指挥枪"的原则,"在党的领导下,人民群众把他们信得过的干部选来掌管各级政权的工作。同时,那些爱国的、进步的、有管理经济能力、有研究运用科学技术水平的知识分子、知名人士,以及曾在旧政权中工作过的专业技术人员,也被安排在我们的新政权机构中担任适当的工作。"①

---

① 凯山·丰威汉:《在老挝最高人民议会全体会议上的报告》,1981年 1 月 6 日。

老挝国会、各级政府和司法机构等都是在人革党的领导下开展工作。此外,老挝各群众团体也接受党的统一领导。老挝建国阵线(1979 年 2 月由原老挝爱国战线改名而来),是老挝全民性统战组织。在老挝人民革命党执政之前,老挝重大政治活动都由建国阵线出面组织,为争取抗美救国和民族独立斗争的胜利做出了重要贡献。建国后,这一统战组织在老挝建设和革新事业中,发挥了积极作用。老挝工会联合会、老挝人民革命青年团、老挝全国妇女联合会等群众性组织是党的助手,其职责是针对不同群众的特点,积极开展工作,配合党和政府顺利开展各项工作。

苏东剧变对老挝冲击很大,党员思想混乱,各种敌对势力蠢蠢欲动,试图推翻老挝政权,老挝人革党于危机中奋起自救,坚持以社会主义为方向,加强党的自身建设,不断巩固党的执政地位。老党认为,在世界和地区形势发生急剧变化的情况下,许多社会主义理论和执政党的建设问题需要进一步探索和总结,因此党比以往任何时候都更需要自我完善,比以往任何时候都更需重视党的自身建设。老人革党"八大"通过的党章和"九大"修改后的党章,均提出要以"五项原则"和"三条方针"来加强党的自身建设,即坚持以马列主义和党的优良传统为思想理论基础;以民主集中制为党的组织原则;将团结作为维护党的政治、思想、组织和行动统一的基本原则;坚持以人为本,忠诚服务人民,坚持党的群众路线,依靠群众并通过群众革命运动来建设和发展党;以批评和自我批评作为党存在和发展的规律;从政治、思想和组织三个方面培育和建设一个坚强的党。[①] 按照党章规定,老挝人革党重点抓党的思想理论和干部素质教育,加强党的作风建设。

在现存社会主义国家中,老挝人口不到 700 万,国力弱小,经济欠发达,且历史上长期遭受殖民统治和外国入侵,国民普遍信奉佛教,49 个民族中多数是少数民族,他们生活在交通不便的山区,生活困苦。在这样一个国情复杂、经济落后的国家如何建设社会主义,始终是老挝执政党面临的重大理论和实践问题。老挝人民革命党认真吸取苏

---

① 　王家瑞主编《当代国外政党概览》,当代世界出版社,2009 年 1 月,第 54 页。

东剧变教训,学习中国和越南改革开放的经验,坚持党的领导和以社会主义为方向,革新开放,加强党的自身建设。经过 28 年的革新和发展,老挝人革党党员队伍不断壮大。冷战结束前,老挝人革党有 7 万人左右,20 世纪 90 年代中期增加到 8.4 万人。2008 年 12 月,全国约有党员 15.9 万名,基层党组织 1.16 万个,其中农村约占 54%,党政机关约占 27%、军队约占 17%、企业只约占 2%。至 2011 年 3 月老挝党召开"九大"时,全国党员 19 万余人,党组织约 1.6 万个。据 2013 年年底统计:全党各级组织总数已增至 16318 个,其中基层党支部增至 14408 个,党员人数 199013 人,较"九大"时增 7233 人。党员人数约占总人口的 3%。

2. 重视党员干部素质教育和党风建设

革新开放后,针对一些党员干部对马列主义和社会主义理想信念发生动摇、多党制思潮和自由化倾向萌动现象,老挝人革党开展关于马列主义理论,党的路线、方针、政策和无产阶级立场及世界观教育,统一全党对社会主义的认识,坚定社会主义理想信念。老挝人革党认为,要始终坚持马克思主义的革命和科学本质,把马克思主义基本原理和科学方法作为党的一切行动的思想基础和指导方针,同时紧紧把握马列主义的革命性和科学性,积极将马列主义创造性地运用于本国实际,将理论与实际和各领域具体工作相结合。老挝人革党对本国的发展阶段问题进行了重新定位,强调要根据尚处于社会主义过渡时期的初级阶段这一认识,来制定自己的路线、方针和政策,要求党员干部认真学习马克思主义理论,提高对老挝发展阶段、人民民主制度和革新路线的理解,掌握好党的方针、路线、政策和国家的法律法规,提高自身水平和工作效率。在思想建设方面,主要是加强对党员干部的思想政治教育工作,通过举办学习班、加强新闻宣传等方法来统一全党思想,使广大党员能坚定走社会主义道路的决心和信心。还利用纪念建党、建军、国庆和凯山·丰威汉诞辰等纪念日等活动,向全党和全国人民进行广泛的革命传统教育和社会主义、爱国主义教育。提出要发扬各族人民的爱国传统和团结和睦精神,把真正的爱国主义和纯洁的国际主义结合起来。老挝人革党还认真地研究、学习兄弟党和别国的经验,采取"请进来,走出去"的做法,请中、越有关专家到老举办讲座,组织各种形式的代表团到中、越进行考察学习或培训,通过学习借鉴中国、越南改革开放经验,提高广大党员干部的理论水平和思想认识。老人革党"七大""八大""九大"都强调要科学分析本国国情,要继续推进有原则的全面革新路线,不断探索适合本国国情的发展道路。经过 28 年革新实践,老挝人革党形成了向社会主义目标迈进的基本理论,其要点是:坚持社会主义目标,为实现国家富强、人民富裕、社会公正民主文明创造条件;坚持老挝人革党一党领导和执政,不断提高党的领导水平和执政能力。党的首要任务是发展经济、消除贫困,带领国家到 2020 年摆脱欠发达状态;坚持以民主集中制为党领导的基本原则,坚持理论联系实际、批评与自我批评、密切联系群众、一切为了群众等优良作风,努力建设廉洁、让人民放心的党;通过不断提高依法管理国家、管理社会的能力,保证人民当家做主权利,加强全国人民大团结;继续扩大对外合作关系,加快与国际和地区经济接轨。① 尽管老挝人革党初步形成了对建设老挝社会主义的基本认识,但老挝领导人也承认,他们对如何将马克思主义

---

① 此系老挝人革党中央书记处书记、中宣部部长征·宋本坎在第二次中老两党理论研讨会上的发言。

运用于老挝的实践,以及在社会主义市场经济等一系列问题上的认识还不清楚,有待进一步思索和探讨。

党的自身建设历来是革命事业取得胜利的决定因素。为确保党的强有力领导,老挝人革党狠抓干部素质教育:一方面注意吸收优秀青年入党,充实党员队伍,并加强党中央和国家机关干部的交流和年轻化;另一方面要求中央和地方各级基层党组织在政治、思想、组织和领导方法上提高能力,保证党能够胜任各领域的领导工作,要求各级党政领导干部起先锋模范作用,以身作则,敢于领导,勇于承担责任。从 2013 年起,根据老挝人革党政治局指示,各级党委陆续给正式党员颁发党员证,以增强党员责任感和荣誉感。老人革党高度重视干部革命化、知识化和年轻化,加强对各级党政干部的培训,提高干部素质和领导能力,在确保政局稳定的情况下,逐步实现领导层的新老交替。老人革党"七大"强调,要坚决执行干部交流制度和在实践中锻炼考察干部制度,对干部实行分级管理,完善干部考核制度。近年来,老挝人革党重点培养领导、管理和技术三类干部,把政治立场坚定、德才兼备和有基层工作经验作为选拔任用干部的首要标准,加大干部异地交流、实践锻炼和教育培训。积极推进县级政府机构改革,领导班子年龄梯次化,提高年轻领导干部比例和干部综合素质。目前,老挝全国共有132442名干部,其中女干部有58845名,中央国家机关干部共21297名,地方干部有111145名。自2006年以来,老挝重视各级各类干部政治理论和行政管理能力培训,共培训了3680名干部,其中国内培训2071名,派赴中国、越南、新加坡、澳大利亚等国培训1609名。从2013年起,老挝干部日常教育培训工作由老挝教育和体育部接管,而公务员招录工作则由老挝内务部负责。对中央、省、县三级公务员招录实行凡进必考政策,并由内务部统一制定招录试题(分笔试和面试),以确保公务员队伍质量。

在党的作风建设方面,老挝党坚决执行民主集中制原则,狠抓廉政建设,从严治党,使党成为政治上、思想上和行动上统一的整体。2006年3月老挝人革党"八大"修改的党章规定,老挝人革党是按照民主集中制、集体领导、分工负责的原则组织起来的有严格纪律的党。党的所有领导机关都要按照民主集中制原则开展活动,采取集体领导与个人分工负责制相结合。党的每个决议和每次会议选举必须由多数票通过,表决前,党员有充分发表自己意见的权利。党的各项决议应得到严格执行,党员个人服从组织,少数服从多数,下级服从上级,全党服从中央。党的"八大"还决定,取消中央顾问制,将党的中央主席改为党的中央总书记,形成以政治局为主,书记处为辅,总书记全面主持工作的集体领导机制。党的八届二中全会出台了中央领导集体工作制度,提出关系国计民生的重大问题必须提交政治局集体讨论通过,在出现意见分歧时要重新开会,只有在充分讨论、意见统一的基础上才能通过重大问题的决议。老自革新开放以来,党员干部队伍中不断出现贪污腐败现象,如国家石油公司贪污案贪污金额高达500多万美元等,造成大量国有资产严重流失。特别是一些党的高级干部利用手中的权力谋取私利,在群众中造成恶劣影响。老挝人革党认为,以权谋私等腐败行为严重损害了党的形象,干扰了革新事业顺利进行。老挝党和政府设立了党政监察委员会、反贪污专门委员会等,并设有常委专职负责监察党的各级组织及其党员执行党的方针、路线、政策和纪律情况,监督政府部门工作人员的行政行为。2005 年 7 月,颁布实施老挝第一部《反贪污腐败法》,党内出台《领导干部政治责任的规定》,完善党内管理和约束机制。近年来,党报开始对党员干部中的腐败现象进行公开报道,如披露一些政府工作人员不给小费不给办手续的丑闻。反腐败关系到党和国家的前途命运,老挝对各级党组织进行整顿,通过加强党群关系来反腐败,狠抓廉政建设,强调对党内腐败分子和违法乱纪行为要严加处理,绝不姑息迁就。2010 年 12 月,老挝前总理波松因包养情妇和其他违纪行为,被劝辞职,由时任国会主席通邢接任总理。2013 年,老挝共有 341 名党员干部因贪腐受到党纪政纪处分:批评 40 人,警告 55 人,撤职 18 人,留党察看 49 人,开除党籍 179 人,其中 6 人为县委书记。被判刑的 59 人中,司局级干部占 12 人。2013 年 4 月,老党召开了第九次组织工作会议。此次会议全面总结了"八大"以来党建和干部队伍建设取得的成绩及存在的问题。老挝人民革命党总书记朱马里到会讲话,指出当前社会对党内部分党员干部革命意志消退、贪污腐化甚至蜕化变质反响强烈,亟须切实加以改进。会议按照"九大"提出的"努力把党建设成为适应时代发展要求的政党,成为有能力为民执政和实现国家繁荣富强的政党,成为组织意志坚强和牢固团结统一的政党"的要求,制定了党建和干部队伍建设中、长期规划。

3. 开展建设"坚强、善于全面领导的党支部"活动

在党建工作中,老挝人革党重视健全党的各级组织,特别是加强党的基层组织建设。党的基层组织是党的基础,是基层政治体系的领导核心,是党员参加组织生活、吸收党员,以及在群众中组织实施党的路线、方针、政策和国家法律法规的地方,包括党在村寨、企业、工厂、医院、机关、武装力量部门的基层组织及其他基层单位。1993年老人革党专门举行了全国党支部代表大会并做出了建设"坚强、善于全面领导"党支部的决议,并号召在全党开展了建设达标党支部活动。党的"六大"再次强调要以"建设坚强、善于全面领导的基层党支部"为重点,重视党的基层党支部建设。1996年8月,中央政治局又做出了各级党委加强领导和建设"坚强、善于全面领导"基层党支部的第11号决议,认为党支部建设是党建工作的一个极为重要的环节。党支部是基层政治制度以及加强党内和群众团结的核心,是宣传和落实党的方针政策的地方。决议提出了建设和完善党支部的内容:第一,根据各类党支部的实际情况,完善工作任务和方法,不断提高党支部的领导质量和战斗力;第二,根据五个标准建设达标党支部,即善于领导党员和群众的思想政治工作,善于领导经济社会发展,善于领导政府和群众组织,善于领导国防和治安工作,善于完善党建、发展党组织和培养干部;第三,重视教育和培养党员特别是党支部书记,保证他们能够坚持党的本质、理想、阶级特点、先进性和战斗力,提高他们的文化、专业和政治理论水平;第四,建设党支部和达标党支部要与完善基层政治制度结合起来,发扬民主,发动群众参与政治制定和党的建设工作。为了推动建设达标党支部活动的顺利进行,老人革党中央组织部还特别制定了关于建设达标党支部的实施细则和具体办法。通过建设达标党支部的活动,老人革党的建设和领导质量得到提高,各级党委和政府的协调得到加强。多数党员的政治素养进一步提高,更好地发挥了模范带头作用,从而增强了人民群众对党的信心,为进一步革新开放做出了贡献。1998 年年初,由中组部和中宣部牵头组织实施了"基层一把手"工程,由中央机关和各部委下派干部到县、村指导、协助政治、经济双扶贫工作。老挝人革党"七大"后,中央领导也分别到各地视察工作,了解基层情况,帮助地方制订经济社会发展计划。这些都有利于领导干部对基层工作的了解,同时大大促进了各级干部和群众的紧密联系。2006 年 3 月,老人革党"八大"再次强调,要继续建设坚强的基层党支部,使党支部能够集中各种力量完成上级交给的政治任务,主动打击个人主义和贪污腐败等消极现象。老人革党八届三中全会对党的基层建设提出了具体目标要求,即加强思想政治教育,发展经济、文化和社会,做好国防和治安工作,加强并完善政治体制,不断增强基层党支部的领导和战斗能力。为此,采取了一些具体措施,如建立领导干部、骨干或新干部长期和短期下基层制度,将省委委员、县委委员下派到县和基层任职,指导基层工作,带领基层人民脱贫致富。中央机关和各部委下派干部帮助县、村搞政治经济双扶贫,帮助基层单位选好主要领导,选派大学生到农村基层支部工作。

老挝加强村级政权建设,重视培养村级干部。加强农村发展和扶贫工作,推进合并村和小城镇建设,尤其是农村道路、学校、诊所、水电、通信等基础设施建设,加大国家财政对贫困地区扶持力度,贫困县、村、户数量进一步减少。到 2013 年年底统计,贫困家庭比例已下降到仅剩 10.5%;贫困村还剩 2291 个,占比 26.72%;贫困县下降到占比 25.52%。同期,发展村增加了 27.45%,发展家庭占到 65.6%。政府当年为农村发展和消除贫困投入 16930 亿基普,建设 500 多个项目,2014 财年将增至 22710 亿基普。政府规划了 167 个重点扶贫区,覆盖 7386 个村,占全国村庄总数的 86.15%,现 88 个重点扶贫区已取得初步成效。力争到 2015 年,将贫困家庭比例降至 10% 以下,贫困村降至 11% 以下,发展村数量达到占总数一半以上。现全国 8615 个村已有 7000 个村通路,66% 的村庄普及用电,88.25% 的家庭已用上电,88% 的村庄宣布普及小学义务教育。在 6650 个村建立了扶贫基金,覆盖贫困人口 75%,使用清洁饮水比例已达 83.15%,厕所普及率达 61.09%。老挝正结合"三建"活动,继续将建设"坚强、善于全面领导"的基层党支部作为党建工作的重点,提出建设农村、学校、企业等 10 类基层党支部的要求和标准,努力把加强党的基层建设同建设"发展村""文化村""卫生村""无毒村""无案件村"等活动结合起来,将党的组织延伸到基层每一角落,努力使基层党支部成为领导基层各项工作的核心力量。

五 多交友、少树敌

老挝建国初就提出要执行"独立、和平、友好和不结盟"的外交政策。把老挝建成一个和平、独立、民主、统一、繁荣和社会进步的国家,为东南亚地区和世界的和平、民族独立、民主和社会进步的斗争事业做出应有的贡献。[①] 在对外开放过程中,老挝确立了外交服务于保卫和建设祖国两大战略任务的工作方针,积极开展对外交往与合作,争取国际支持和援助。老挝党和政府在国际舞台上的形象也随之改善。老党主张在和平共处五项原则基础上同世界各国发展友好关系,重视发展同周边邻国关系,改善和发展同西方国家关系,抵制西方国家的"和平演变",为国内建设营造良好外部环境。2013 年 11 月上旬,老挝举行了以"为国家保卫和发展事业实行事态预防与突破外交"为主题的全国第十二次外事工作会议。老挝开展多边框架活动并参与地区和国际经济互联互

---

① 《参考资料》1975 年 12 月 7 日。

通,变得更为主动和开放。

1. 积极开展对外交往与合作

苏东剧变后,老挝开始从一个自我封闭的国家变成一个对外开放的国家。在对外开放过程中,实施积极的开放政策和对外政策举措,有力抵制了西方"和平演变"战略,使老挝人革党的国际形象提高,执政地位也更加巩固。老挝在和平、独立、友好、合作的对外政策指导下,增进与周边国家睦邻友好,发展同世界各国的友好合作。截至 2013 年年底,老挝已同世界上 136 个国家建立了正常外交关系并与世界 100 多个政党建立了联系。

在对外经贸合作方面,老挝采取积极措施加快与东盟国家的接轨,积极推进关税削减计划,以配合东盟自由贸易区建设,在政治、经济、外交等领域加强与东盟国家的合作,并取得显著成绩。老挝继承发扬对越、对华友好传统,深化与越南、中国的全面战略伙伴关系,增进相互理解与信任,在互利互惠基础上深化经贸合作,两国对老挝投资日益增多。始终与周边国家一道致力于创造和平、稳定的周边环境,以真诚和务实态度解决问题,不以邻为壑,不干涉别国内部事务,避免与周边国家引发冲突,与周边国家建立政治、贸易、投资、旅游、互联互通等领域合作关系,特别是在边界勘界立碑和维护边境和平等领域开展合作。1997年老挝申请加入世贸组织,2004年启动谈判。10多年来,老挝就关税和市场准入等问题与有关成员方进行了10轮复杂艰难的谈判,解答了各方提出的上千项要求。在投资、食品安全、动植物卫生检疫、进出口程序和知识产权等领域,废除了不合时宜的立法法规及政令,修订了许多新法规,以为外国投资者提供更多"保障"。2012年2月,老挝政府将"国民待遇"列入法律,指出外国人和老挝公民在开办公司上拥有对等的权利。同年7月,老挝政府又根据WTO减税商品目录,争取到2015年实现东盟自由贸易区全免税目标。2012年10月26日在瑞士日内瓦举行的世贸组织总理事会会议上,世界贸易组织(WTO)张开怀抱,迎接它第158个新成员。12月6日,老挝七届国会对老加入世贸组织协议进行审议表决,以全票赞成的结果通过。经过15年"漫长而艰辛"的努力,老挝实现了"入世"梦。许多学者看好老挝加入WTO的前景,认为"入世"之后,老挝的贸易额将大幅度增加,将有更多新的贸易伙伴和新的资金涌入更多新的领域,为老挝的发展做出开拓性的贡献。美国国际发展署一个资助老挝项目的负责人史蒂夫·帕克则对法新社记者说:"我不认为老挝只是个沉睡的小地方,这里蕴藏着巨大的能量,还有许多人为之努力工作。"目前,老挝同50多个国家和地区有贸易关系,与19个国家签署了贸易协定。老挝政府表示,将更积极地参与国际和地区经济一体化进程,积极争取国际经济和技术援助。老挝将制定一系列既维护国家利益又符合东盟一体化和世界贸易组织成员规则的法律法规,争取到2015年加入东盟共同体。

在国家关系方面,老挝多方位、多形式、多渠道开展对外交往。2006年老挝人革党"八大"强调,老挝在和平、自主、友好的对外政策指导下,继续坚持多方位与多种形式的对外交往,重点巩固和加强同越南、中国、朝鲜、古巴社会主义国家的战略合作,保持同越南的特殊关系,强化与中国的全面合作,增进与周边国家睦邻友好,发展同世界各国的友好合作。老挝人革党"九大"召开以来,老挝贯彻执行和平、独立、友好、互利合作的外交路线,在巩固与周边国家传统友好关系的基础上,积极与世界各大国发展合作关系,与俄罗斯关系提升为战略合作伙伴关系,与日本和印度加强全面合作,与美国开展正常交往,与英国关系有所突破并互设大使馆。推动与欧盟各国开展正常交往,加强与澳大利亚和新西兰合作关系。近年来,老挝积极开展多边外交,在国际和地区舞台上维护自身合法利益。积极参与东盟与对话国框架内的活动,积极参与"越老柬发展三角区"合作、越老柬缅四方合作、三江经济战略组织合作、GMS 合作以及中国 – 东盟(10＋1)、中日韩 – 东盟(10＋3)、东亚峰会等次区域和区域合作。与联合国、各国际组织、国际金融机构的良好的合作关系进一步加强。2013 年老挝领导人受邀在联合国大会上报告老挝发展成果,再次当选为联合国开发计划署管理委员会委员。老挝近年来成功举办了多次国际会议,如 2012 年 11 月第九届亚欧首脑会议、2013 年第七届亚欧圆桌伙伴会议以及相关系列会议,第五届三江经济战略合作组织峰会、第六次老柬缅越峰会和第七届发展三角区峰会,以及内陆发展中国家《阿拉木图行动纲领》亚欧地区审查会议等一系列重要多边会议,老挝在国际和地区舞台上的作用和影响力进一步提升。

2. 特别重视发展与中国的关系

中老友谊源远流长,两国人民在长期的革命斗争和建设事业中,相互同情、相互支持。在抗法时期,中国领导人就与老挝革命者结下了深厚友谊。20世纪60年代,一批老挝政治家的孩子被送往中国学习。如创立了老挝和平中立党并首任党主席的贵宁·奔舍那曾多次受到毛泽东、周恩来等中国老一辈领导人的亲自接见,他于1963年4月1日在右派政变中不幸遇刺身亡后,其子女和其他老挝政要的孩子先后通过中国驻老挝大使馆安排前来中国就读学习。老挝革新开放后,前往中国学习的留学热一波高过一波,在华学子逐年增多。老挝现领导人朱马里的两个女儿曾分别在上海财经大学和复旦大学学习过。至今,人们还流传着一段老挝领导人与毛泽东交往的佳话。1970年,老挝人民革命党总书记凯山·丰威汉来到北京,拜会毛泽东。毛泽东在人民大会堂会见凯山,当面向他表示中国支持老挝反对美帝国主义的斗争。这次会谈,宾主谈笑风生,话题广泛。高兴时,毛泽东话锋一转,问凯山一个问题:"我不大懂,万象这个名字是怎么来的?"此处的万象,指的是老挝首都。凯山告诉毛泽东:

"老挝的象很多,过去国王举行庆典,都要有大象。尤其是白象,是最名贵的。"毛泽东闻言高兴地说:"你今天解决了我的一个问题。"凯山于 1971 年、1976 年、1989 年、1992 年四次访华,与毛泽东、周恩来等中国老一辈革命家结下深厚友谊。

由于中苏矛盾,老挝追随苏联与越南,中老关系在 20 世纪 70 年代末期一度遇到波折。1989 年,两国关系开始正常化。1986 年 7 月,越共总书记黎笋病逝。同年 12 月,阮文灵在越共"六大"上当选为越共总书记。阮文灵上台后改变了越南对华政策,他认为,越南当前最为急迫的两件事,一是要从柬埔寨撤军;一是改善对华关系。为此,他通过凯山向中国传递愿改善两国关系的信息。1989 年 10 月,老挝人民革命党总书记兼部长会议主席凯山·丰威汉访问中国。在他的再三要求下,中国商定请邓小平礼节性简短会见。没想到两位领导人进行了长达 40 分钟的谈话,而且谈的都是十分重要的实质性问题。凯山诚恳承认,过去 10 年来,老挝同中国的关系处于不正常状态,是受了"外部的影响"。江泽民、杨尚昆分别会见凯山,这是江泽民担任总书记后会见的第一位外国主要领导人,双方就实现两党两国关系正常化达成共识。凯山在与邓小平会面时,还抓住时机转达了越共总书记阮文灵对邓小平的问候,说越南对中国的状况已有了新认识,对中国的态度也有了改变。还说阮文灵希望中方能邀请他访问中国。邓小平也请凯山转达他对阮文灵的问候,并说希望在他退休之前或退休后不久,柬埔寨问题能得到解决,中越关系恢复正常。凯山回国途中,在越南短暂停留,特向阮文灵转达了邓小平的传话。可以说,中越关系正常化,老挝在其中起到了重要的穿针引线作用。凯山传递的信息,最终促成了中越成都会晤及两国关系正常化。1990 年 12 月,李鹏总理访问老挝,同凯山举行会谈,双方就全面恢复和发展两国关系达成共识。1991 年 10 月,中老双方签署了《中老边界条约》,顺利解决了历史遗留的边界问题。在 2011 年 4 月 25 日两国建交 50 年之际,双方正式启动边界全线密度立碑工作,到当年 7 月全部完成长达 505 公里老中边界 104 块界碑密度立碑任务。中国成为老挝周边五国中率先完成与老挝密度立碑的第一个国家。

老挝与我同属社会主义国家,与我无历史纠纷和现实矛盾。自2000年以来,老挝党前主席、前国家主席坎代,现任党中央总书记、国家主席朱马里均访华并同我党和国家领导人会面,多位国家领导人经常来华查体治病。在两国领导人的共同努力下,中老两国关系发展成全面战略合作伙伴关系。2000年11月,中共中央总书记、国家主席江泽民应邀访问老挝。这是1961年中老建交后中国国家元首首次访问老挝,意义重大。两国领导人会晤后发表了《联合声明》,一致确定了新世纪中老关系"十六字方针",即"长期稳定、睦邻友好、彼此信赖、全面合作"。江泽民强调中国党和政府高度重视加强与老挝的全面合作关系,坎代高度评价两国《联合声明》提出的"十六字方针",提出老挝将按此精神推动老中两国关系全面发展。2006年11月,总书记、国家主席胡锦涛出访老挝时提出,中国愿同老挝永做好邻居、好朋友、好同志、好伙伴。在"十六字方针"和"四好"原则指导下,中老两党两国领导人保持了每年会晤机制,加强治党治国经验交流和社会主义理论探讨,近年来两党共同举办了两次理论研讨会,各方面合作全面展开。老挝人革党中央总书记、国家主席朱马里 2009 年 9 月访华,与中共中央总书记、国家主席胡锦涛共同宣布中老两国建立全面战略合作伙伴关系。应习近平主席邀请,老党总书记、国家主席朱马里于 2013 年 9 月 26 日至 30 日对我国进行正式友好访问,习近平与朱马里举行了会谈,李克强总理和张德江委员长分别会见了朱马里。双方就新形势下丰富和发展中老全面战略合作伙伴关系及共同关心的国际和地区问题深入交换意见,达成广泛共识。双方一致认为,中老两国理想信念相通、社会制度相同、发展道路相近,是具有广泛共同利益的命运共同体。9 月 30 日,中老双方共同发表了《中老两国联合声明》。双方还签署了《落实老中全面战略合作伙伴关系行动计划》和《中老两国政府经济技术合作协定》等 10 份合作文件。

中国已是老挝最重要的双边贸易伙伴之一和最大的投资来源地,目前中国在老投资项目约 800 个,总投资超过 60 亿美元,位居外国对老投资首位。自 2004 年以来,老挝每年均派出副总理以上高级别领导人出席在南宁举办的中国－东盟博览会。中国对老挝经济社会建设提供了宝贵援助，最值得一提的是为老挝援建了万象城市标志性建筑——"国家会议中心"。曾作为 2012 年第九届亚欧首脑会议主会场的老挝国家会议中心位于老挝首都万象市区，总占地面积约 7 万平方米，总建筑面积约 2.5 万平方米，可同时容纳 3000 余人出席会议。项目投资总额达 4.5 亿元人民币，由中国建筑股份有限公司承建。中心的主体建筑包括能容纳 1500 人的多功能厅、迎宾大厅、500 坐席的首脑会议厅、高官会议厅、新闻发布厅、16 个双边会谈室、3 个 VIP 贵宾室、记者区和秘书处等，项目 2011 年年底正式开工，2012 年 10 月 8 日正式宣布竣工，建设工期短短 10 个月，保证了亚欧首脑会议在老挝顺利举办。据介绍，这种规模的项目施工时间按照正常速度至少需要 2～2.5 年时间，但老挝给施工方规定的竣工期限却是 2012 年 10 月，即仅仅 10 个月时间。要在这么短的时间内完成如此一个巨大的工程，对承建者来说是一个巨大的挑战。为了保证按时优质完成建设，中建集团给老挝国家会议中心项目从设计、施工、物资和人力资源等全方位配备了最精干的力量，其中国速度和效率给老挝人民留下了深刻印象。中国时任老挝大使布建国女士在接受记者采访时表示,自己亲眼见证了这座宏伟建筑从无到有的全过程。老挝国家会议中心是中老两国深厚情谊的结晶,既是老挝人民的骄傲,也是中国人民的骄傲。如今会议中心已经开始成为老方召开大型会议和举办大型活动的场地,并成为万象的一个新地标式景点。该项目于2013年4月11日完全交付老方运营和维护,为保证会议中心顺利运作,中方技术组仍有技术人员在协助和指导老方人员工作。中国已不是第一次对老挝举办的国际高级别大型活动鼎力相助了,2009年老挝承办东南亚运动会上的大多数运动场馆也是中国援建的。万象国家文化宫、东昌酒店(第十届东盟领导人峰会主场馆)、各国领导人下榻的别墅、万象瓦岱国际机场和琅勃拉邦机场扩建项目均是由中国公司承建的。

目前华人在老挝的人数大约二三十万人,既有老华侨,也有新移民。老华侨以广东潮汕人居多,在老一辈的华侨中占80%。潮汕人到老挝大概已经有300多年的历史,但大规模迁入老挝的是在抗日战争和国内战争时期,潮汕人因战乱逃亡到泰国,再从泰国转到老挝。老挝华人从商的比较多,主要涉及酒店、木材、进出口贸易、印刷、餐饮、汽车贸易、金融等方面。老挝第一家星级酒店、老挝第一家民营银行,都是华人合作投资创办的。广东潮汕籍华侨张贵龙经常作为特邀嘉宾参加老挝的党代会和人民代表大会,老挝主席、总理率团出访中国时,他曾随同前往。老挝华人华侨为中老两国友谊和两国关系发展做出了重要贡献,得到了中老两国政府的信任。

老挝高度认同中国的发展道路和发展模式,每年均派党政干部赴中国进行培训和短期考察,学习中国治国理政经验,干部培训工作成效明显,有力推动了两国各领域合作。多年来,中国为老挝留学生提供了政府奖学金,帮助老挝培养了大批各方面人才。与老挝接壤的中国云南、广西两省区,发挥区位优势,与老挝经贸合作一直走在前面,关系十分密切。广西、云南与老挝友谊源远流长,20世纪60年代,中方帮助老挝在广西南宁建立"六七学校"。两地企业在老挝投资兴业也为老挝发展注入了新的活力。面对世界经济形势深刻变化,老挝更加重视将自身发展同中国社会经济发展结合起来,同云南、广西等中国西南沿边省份对接对口,在资金、技术、人才、市场等几方面积极争取中国支持和帮助。

3. 防止西方"和平演变"

苏东剧变后两极对立虽然结束,传统安全威胁减弱,但意识形态方面的斗争依然存在,西方国家一直推行其价值观,建立价值观同盟,美国国家安全和对外战略的一个重点就是促进外国民主发展。对那些他们认为是"邪恶异类"的国家进行所谓"人道主义干涉",频繁发动各种"颜色革命"。主要做法有:利用新闻媒体和舆论工具丑化、矮化和攻击、制造麻烦、转移视线、浑水摸鱼;利用政治、军事、经济等手段在一些国家扶持反对派、占领、更换政府、寻找代理人等进行"民主化改造",推进"民主化"进程;利用非政府组织作用;通过民族宗教等精神和文化方面进行渗透。多年来,以美国为首的西方敌对势力并没有放弃对老挝的渗透和颠覆活动,暗中支持苗独分裂势力频繁制造破坏骚乱事件,并以民族、宗教和人权为借口,攻击老挝政府实行民族歧视政策、限制宗教自由和无视人权等,借机煽动老挝国内一些人搞所谓的示威游行或"民主诉求",给外界造成老挝陷入混乱、政局不稳和存在反政府武装力量的印象,以达到破坏老挝的国际声誉和里应外合搞垮老挝政府的目的。但老挝人革党对此始终保持高度警惕,采取各种防范措施,使上述渗透和颠覆活动屡遭失败。

为防止西方"和平演变",老挝党和政府采取如下措施:一是从思想教育和党建工作入手,筑牢反"和平演变"的思想防线。由于受西方思潮和生活方式影响,老挝社会思潮多元化倾向加剧,党内主张效仿西方民主和多党制的声音不时抬头,亲西方的非政府组织活跃。由于语言和风俗习惯相近,邻国泰国的意识形态、生活方式对老挝人特别是年轻人影响较大。这些变化对人革党一党执政的政权稳定带来严重威胁。老挝近几次党代会都始终强调加强执政党思想建设和组织建设,纯洁党的队伍,加强对党员和人民群众经常性的政治思想教育。老挝还多次召开全国思想工作会议,研究思想政治工作特别是对青少年思想教育问题。教育人民对敌对势力以援助、宗教信仰自由、民族问题、人权和民主为名离间党群关系保持高度警惕。二是妥善处理民族、宗教以及拆迁、土地批租等民众关切的权益问题,做好宗教和民族工作,积极化解各种社会矛盾,杜绝出现社会混乱,坚决不给敌对势力以可乘之机。三是对美国为首的西方既斗争又合作。近年来,老挝与美国开展医疗卫生、扫毒、搜寻在老美军失踪人员遗骸等合作,接待了美国前国务卿克林顿·希拉里和美军太平洋司令部司令等人访老,重视发展与日本、欧洲国家关系,争取西方和国际组织的各种援助。同时对西方国家利用人权、宗教攻击和歪曲老挝的舆论进行回击。

2013 年 9 月,老挝人革党中央总书记、国家主席朱马里率团访华,习近平、李克强、张德江分别与其会见。朱马里强调当前国际形势风云变幻,美西方敌对势力从未放松对老挝分化、西化的"和平演变"图谋,美国实施重返亚太战略,制衡的目标显然是中国和老挝这样的社会主义国家。老挝深知中老合作具有生死攸关的重要性,必须坚定不移地加强中老合作,没有其他路可走。其强调,与中国的合作决定老挝的命运,中老两国是命运共同体。老挝在国际上面临"和平演变"和人权攻击压力,希望中国加大对其支持力度,帮助老挝缓解国际压力和经济困难问题。实际上,在冷战时期,美国就不止一次地企图嵌入老挝所在的中南半岛并把老挝作为遏制中国的战略"桥头堡"。近年来,美国实施重返亚太战略,巩固与"老东盟"这一冷战时期反共联盟国家的盟友关系,以军事合作和提供援助等方式拉拢缅甸、越南、柬埔寨、老挝等"新东盟"国家,从而达到最终遏制中国的目的,对此中国要保持高度警惕,重新认识老挝对中国的重要意义,支持老挝反对美西方"和平演变"的斗争。

六　小国成功之路

老挝社会主义制度是建立在落后的经济、社会、文化基础上的,与马克思、恩格斯当年设想的社会主义的前提有很大的差距。按马克思、恩格斯的理解,在商品经济高度发达的资本主义社会,只有无产阶级和资产阶级两大阶级,工人除了自己的劳动力,一无所有,而资本家则靠其资本的力量,通过商品生产,剥削工人的剩余价值。两大阶级矛盾的尖锐冲突,使发达资本主义国家的无产阶级团结起来,剥夺剥夺者,建立起无产阶级当家做主的社会主义制度。因而社会主义革命是资本主义基本矛盾不可调和的产物。显然,老挝并没有资本主义工业基础,也没有出现现代意义上的无产阶级。只是由于当时印支半岛上的形势和国内革命斗士的努力,才使"老挝可以不经过资本主义发展阶段而直接进入社会主义"。[①] 在封建小农经济和佛香飘荡的国度里建立社会主义,必然有其先

---

① 肖枫主编《社会主义向何处去》,当代世界出版社,1999,第458页。

天不足,即使带有社会主义性质,但并不能使这种制度真正发挥其优越性。从 1986 年颁布新的经济政策以来,老挝改变"直接进入社会主义"的做法,历经了从计划经济到市场经济、从农业国向工业国的艰难转变。2014 年年初,朱马里在接见访老的一位中国省委书记时说,老挝坚持一党执政,经过几十年的探索,逐渐找到符合本国国情的发展道路。"走符合本国国情的发展道路"这句话,是对老挝 1986 年以来调整与革新经验的最好总结。

1. 符合本国国情的发展道路

20 世纪 80 年代末 90 年代初,老挝顶住苏东剧变、世界社会主义陷入低潮的巨大压力,重申坚持马列主义、社会主义和共产党领导不动摇,提出不再照搬苏联模式,根据老挝实际实行"有原则的全面革新路线"。在革新政策引导下,老挝开始由中央计划经济向市场经济转变,国家发挥宏观调控职能,按市场机制制定和调整预算,加强对信贷、货币的监管,保证将物价、汇率和通胀率控制在一定范围内。在市场化进程中,政府逐渐放松价格控制,减少国有企业,允许私营企业发展,放松对外贸的垄断,吸引外资,积极发展与各国的交流与合作,同周边国家及世界其他国家和地区的贸易往来日益增多,进出口总额逐年上升。老挝工业和手工业企业基本上是由私营企业经营,国家主要控制那些关系国家经济命脉和国家安全的特殊企业,农业与工业、手工业、服务业相结合,多种所有制并存发展的新型经济结构已初步建立起来。在农村取消了国营农场和合作社,农民实行承包制。老挝逐步加大对农业的投入,大力兴建农田水利设施,发展农机、农药和化肥生产,促进农业专业化生产。通过这些改革和发展措施,老挝长期处于自然、半自然经济的农村初步改变了面貌。现在的粮食年产量较 1975 年的 74.4 万吨翻了近 5 倍,基本实现自给有余。畜牧业和其他副业生产也迅速发展起来,农村还出现了一些年收入数千甚至上万美元的生产专业户。在老挝过去的产业结构中,农业占到了 GDP 的 70% 以上,不到国土面积 5% 的耕地养活着 80% 的农业从业人口,稻米、香料、玉米、木薯、咖啡等是老挝人赖以生存的农产品。近些年,由于外资的迅速投入和本身经济总量狭小,老挝的 GDP 结构迅速发生变化,许多工业领域的"处女地"在外资的帮助下得到开发,相较于过去,2013 年农林业总产值占 GDP 比重已缩减到

25.5%。神秘的佛教文化和美丽的自然风光,每天都在吸引着来自世界各地的游客,新兴的旅游业成为老挝财政的最大支柱。一名政府官员表示,若干年后,水电将取代旅游在国家经济中的支柱位置。他相信在湄公河的支流上修建水力发电站,向邻国出口水电,会带来大量的经济收入,足以使所有的老挝人都富裕起来。老挝政府已明确提出到2020年使老挝成为东盟第一大电力输出国的目标。随着老挝外部环境不断改善,老挝经济发展势头看好,社会日益稳定,人民生活水平有所提高。老挝于2012年成功举办第九届亚欧首脑会议,顺利加入世贸组织,积极参与东盟一体化建设和地区合作,提升国际地位和影响力。2012年10月16日,在老挝万象召开的第九届亚欧首脑会议的开幕式上,老挝副总理兼外长通伦·西苏利透露说,老挝经济增长速度2011年达到8.3%(2013年为8.2%),被列为十个世界上经济增速最快的国家之一,贫困家庭只有19%。2013财年,人均GDP达到了1534美元(1976年人均只有70~80美元,2008财年、2011财年和2012财年分别为753美元、1217美元和1349美元)。计划在2014~2015财年人均GDP达到

1750～1800 美元,到 2020 年达到 3200 美元并进入中等收入水平。符合老挝经济和社会实际情况的革新政策得到了国内外的广泛支持,增加了全体人民对党的领导的信心,有效地保证了政治和人民民主政权的稳定。目前,老挝按照人革党"九大"制定的路线和奋斗目标,进一步调整经济社会发展计划,积极制定工业化、现代化战略,大力发展小城镇、建立乡镇企业和工业区,着手解决电力和公路交通等基础设施落后问题。进一步保持社会和政治安定,努力提高国家综合实力和人民生活水平。

2. 传统与现代共处

老挝是一个信仰佛教的国家,佛教教导人们要博爱,心中不能有恶念,这一观念已经深入人心。另外,老挝的贫富差距不大,人民的生活都能得到保障。生活的保障加上佛教传统思想的教育,使得老挝人民心态比较平和,随遇而安,恪守传统,因而老挝民风淳朴,随处可见化缘的僧侣,造型华丽、色彩明艳的寺庙。这里的生活宁静舒缓,社会比较安宁。在干净宽敞、鲜花绿树环绕的首都万象大街,西方游客在彩色喷泉下听着摇滚乐队的现场演奏,昂贵的黑色法拉利停在五星级豪华酒店门前,小而精致的旅馆、纪念品商店、咖啡馆和高档餐厅占据了临街的所有店面,传统中透视出时尚。在远离市中心的地方,游客还可能看到老挝喧嚣的一面,狭窄的车道尘土飞扬,不时有日系小轿车、摩托车和皮卡驶过。市民交通主要依靠一种有蓝色顶棚的四面透风的三轮"嘟嘟"车,10个人就挤得满满当当,坐上去需要手扶护栏或抓着顶棚。路边低矮的电线杆上爬满了"剪不断理还乱"的电缆,临街的店面大多是二层的小楼,有四川酒楼、成都食府,还有综合了 KTV、酒吧和舞厅各种功能"Night Club"(夜店)。老挝新建的豪华购物中心里,大多数商店由外国人投资,商店里的产品也以泰国和中国商品居多。当地人生产的只有极少数颇具特色、做工精致的工艺品,本地副食品因为加工粗糙、包装简单难登大雅之堂。本地人会在搭着的帐篷里摆地摊,售卖便宜的衣饰和小吃。类似的场景在中国部分乡镇也可见到。老挝绝非处处光鲜,但也与很多人想象中的赤贫状态有很大的距离。与首都万象仅仅隔着一条湄公河的就是泰国的廊开市,"河风都能把对面的味道吹过来",由于邻近经济发达的泰国,老挝市面上的商品,许多来自泰国,老挝每年有数以千计的年轻人渡过湄公河到对岸打工,寄回泰铢外汇维持全家生计。这就是当今传统与现代共处的老挝。

3. 机遇与挑战并存

从外部环境看,国际金融危机宣告新自由主义彻底破产,直接冲击资本主义政治经济体系,一方面,资本主义所固有的各种矛盾在金融泡沫的冲击下变得愈加严重了。另一方面,走向国际垄断的资本主义不仅没有消除资本主义的各种矛盾,反而使其以新的方式在全球范围内积累和扩散。资本主义基本矛盾演绎出各种新老危机,已将资本主义推进"制度困境"中。民众对未来失望、恐惧、忧虑情绪上升,追求社会公平正义的呼声日高,社会主义价值理念越来越得到广泛认同,世界上反资本主义"全球化"运动推动左翼人气上升,拓宽了世界社会主义发展空间,有利于老挝等现存社会主义国家在多样性探索中不断发展。特别是中国特色社会主义取得成功,国力大增,中国道路和发展模式优势日益显现,对老挝社会主义探索是极大鼓舞。和平、发展、合作、共赢是当今世界大趋势,积极主动把握和运筹这一机遇,将助力老挝的发展与进步。从国内环境看,老挝发展也具有多项有利条件和机遇,其中最根本的是老挝政治稳定、社会安定,政策连续一贯。老挝实施积极的开放政策和对外政策举措,有力抵制了西方"和平演变"战略,使老人革党的国际形象提高,执政地位也更加巩固。老挝各族人民保持优秀文化传统和风俗习惯,团结一心,拥护党和国家各项方针政策,甘于为家庭和国家创造财富。老挝执政党和绝大多数党员干部热爱国家和人民,注重自身建设,执政能力和水平逐渐提高,党的各项政策和目标在各部门各地方得到细化落实。老挝党的"九大"确立了继续推进党的有原则的全面革新路线,制定了一系列宏伟目标。全党全国人民正在为至 2015 年国内生产总值持续超过 8% 的增长,粮食产量达到 420 万吨,经济结构不断完善,宏观经济稳定,贫困家庭比例降到 10% 以下,实现联合国千年发展目标,实现 2020 年老挝摆脱世界最不发达国家状态的历史性转折而不懈努力。

但也要看到,老挝社会主义探索也遇到国内外各种风险与考验。问题和挑战主要来自三个方面。一是现存社会主义国家目前所处的国际环境错综复杂,世界社会主义的发展当前仍处于艰难探索之中,"资强社弱"的格局不会很快得到改变,社会主义国家在短期内难以扭转劣势局面。以美国为首的西方国家凭借其经济、政治优势,大力推行其自由民主价值观,不断加强对现存社会主义国家西化分化攻势,鼓动"持不同政见者"起来闹事,对老挝"和平演变"的力度加大。二是国内存在着各种主客观制约因素,国内各种矛盾和问题还比较突出:底子薄,国力弱,发展水平低,工业基础薄弱,2012 年老挝人均GDP 在世界排名第 144 位,贫困家庭比例为 13% ,仍是世界 49 个最不发达国家之一。老挝执政水平低下,党员干部素质普遍不高,因循守旧、安于现状,精神懈怠问题突出,存在严重的贪腐问题,民众不满情绪增多。老领导决策既有高度集中弊端,也有权力分散、各自为政现象,决策失误较多。如老财政部和国家银行未经中央同意,擅自增发巨额贷款,加剧老币颓势。老挝亲西方的非政府组织活跃,社会思潮多元化倾向加剧,党内主张效仿西方民主和多党制的声音不时抬头。三是受外部因素严重制约。老挝严重依赖自然资源出口和外资外援,受越南及周边国家影响较大,自身造血功能不足,大部分生产和日常用品需要进口。增强与他国的经济联系,在某种程度上对急于融入全球化的老挝来说也许是件好事,但老挝已经意识到过于依赖外资可能带来的危险,输入型通货膨胀正是其长期面临的问题。因此,在过去10年里,老挝把49%的投资额给了矿业和电力,企图扭转这一局面。四是教育和公共卫生等落后,人才不能满足发展要求,现在连小学教育都没有完全普及,公共事业资金短缺、投入不足。近年自然灾害频发,2013年多省遭遇洪涝灾害,多地爆发登革热疫情,造成人民生命财产严重损失。以上这些问题既有历史原因又有现实原因,短期内很难解决。但应看到,作为为数不多的社会主义国家,老挝也有自己的优势,如执政党组织机构健全,党的领导及其路线方针政策能得到群众的支持和拥护,经济宏观调控能力逐步加强,社会政治稳定等。如果继续发挥这些优势,不断克服现行体制上的弊端,就能够战胜前进道路中的各种困难,老挝发展前景无限光明。

苏东剧变时,西方舆论一度预言,社会主义在20世纪已经彻底失败,社会主义国家执政党将彻底崩溃。但20多年过去了,社会主义没有消亡,社会主义国家仍存在,并获得一定发展。当然,我们也要看到,在社会主义优越性还未充分发挥出来之前，社会主义不可能速胜，正如邓小平所说，巩固和发展社会主义制度，需要"几代人、十几代人，甚至几十代人"的艰苦奋斗，社会主义取代资本主义是一个长期的历史过程。社会主义制度的巩固和发展不仅是长期任务，而且极为复杂艰巨。当今世界格局发生了深刻变化，社会主义改革和发展面临着许多新的问题和挑战。对此要有清醒的认识，看待形势和分析问题要实事求是，并能找到解决问题的办法。为此，要善于总结和吸取 20 世纪以来社会主义实践的历史经验教训，真正解决好什么是社会主义，如何建设社会主义这一根本问题。只有这样，才能争取社会主义在 21 世纪更大的发展。

居安思危·世界社会主义小丛书
（已出书目）

编号	作者	书 名	审稿人
1	李慎明	忧患百姓忧患党 ——毛泽东关于党不变质思想探寻	侯惠勤
2	陈之骅	俄国十月社会主义革命	王正泉
3	毛相麟	古巴：本土的可行的社会主义	徐世澄
4	徐世澄	当代拉丁美洲的社会主义思潮与实践	毛相麟
5	姜　辉 于海青	西方世界中的社会主义思潮	徐崇温
6	何秉孟 李　千	新自由主义评析	王立强
7	周新城	民主社会主义评析	陈之骅
8	梁　柱	历史虚无主义评析	张树华
9	汪亭友	"普世价值"评析	周新城

编号	作者	书 名	审稿人
10	王正泉	戈尔巴乔夫与"人道的民主的社会主义"	陈之骅
11	王伟光	马克思主义与社会主义的历史命运	侯惠勤
12	李慎明	居安思危：苏共亡党的历史教训	课题组
13	李 捷	毛泽东对新中国的历史贡献	陈之骅
14	靳辉明 李瑞琴	《共产党宣言》与世界社会主义	陈之骅
15	李崇富	毛泽东与马克思主义中国化	樊建新
16	罗文东	中国特色社会主义理论与实践	姜 辉
17	吴恩远	苏联历史几个争论焦点真相	张树华
18	张树华 单 超	俄罗斯的私有化	周新城
19	谷源洋	越南社会主义定向革新	张加祥
20	朱继东	查韦斯的"21世纪社会主义"	徐世澄
21	卫建林	全球化与共产党	姜 辉
22	徐崇温	怎样认识民主社会主义	陈之骅

编号	作者	书　名	审稿人
23	王伟光	谈谈民主、国家、阶级和专政	姜　辉
24	刘国光	中国经济体制改革的方向问题	樊建新
25	有林 等	抽象的人性论剖析	李崇富
26	侯惠勤	中国道路和中国模式	李崇富
27	周新城	社会主义在探索中不断前进	陈之骅
28	顾玉兰	列宁帝国主义论及其当代价值	姜　辉
29	刘淑春	俄罗斯联邦共产党二十年	陈之骅
30	柴尚金	老挝：在革新中腾飞	陈定辉
31	迟方旭	建国后毛泽东对中国法治建设的创造性贡献	樊建新
32	李艳艳	西方文明东进战略与中国应对	于　沛

图书在版编目（CIP）数据

老挝：在革新中腾飞/柴尚金著.—北京：社会科学文献
出版社，2015.1
　（居安思危·世界社会主义小丛书）
　ISBN 978 - 7 - 5097 - 6551 - 7

　Ⅰ.①老…　Ⅱ.①柴…　Ⅲ.①社会主义建设 - 研究 -
老挝　Ⅳ.①D733.4

　中国版本图书馆 CIP 数据核字（2014）第 224901 号

居安思危·世界社会主义小丛书
老挝：在革新中腾飞

著　　者／柴尚金

出 版 人／谢寿光
项目统筹／祝得彬
责任编辑／张苏琴　杨　慧

出　　版／社会科学文献出版社·马克思主义理论编辑部（010）59367004
　　　　　地址：北京市北三环中路甲29号院华龙大厦　邮编：100029
　　　　　网址：www.ssap.com.cn
发　　行／市场营销中心（010）59367081　59367090
　　　　　读者服务中心（010）59367028
印　　装／北京季蜂印刷有限公司

规　　格／开　本：787mm×1092mm　1/32
　　　　　印　张：3.5　字　数：50千字
版　　次／2015年1月第1版　2015年1月第1次印刷
书　　号／ISBN 978 - 7 - 5097 - 6551 - 7
定　　价／10.00元

本书如有破损、缺页、装订错误，请与本社读者服务中心联系更换

△ 版权所有 翻印必究